지은이 **월리스 와틀스**Wallace D. Wattles

자기계발 분야의 선구적인 작가이
910년 이 책을 완성하고 얼마 후
나하게 살다가 만년에 '부의 비밀'
답하여 큰 성공을 거두었다. 성공 철학의 거
장 나폴레온 힐, 영혼을 울리는 이야기의 달인 로버트 슐러, 세계
에서 가장 뛰어난 인물 10인에 선정된 토니 로빈스, 클린턴 전 대
통령 등 그가 이끌어낸 원칙을 배워 실천한 사람들은 모두 눈부
신 결과를 얻은 것으로 유명하다.

월리스 와틀스의 저서로는 『위대함의 과학The Science of Being
Great』 『행복의 과학The Science of Being Well』 등 다수가 있다.

『부의 비밀The Science of Getting Rich』은 1910년 초판이 발행된 이
래 다수의 사상가들이 읽은 고전으로 잘 알려져 있다. 특히 『시크
릿』의 저자 론다 번은 물론 데일 카네기, 혼다 켄이 많은 영향을
받았다. 아마존 최장기 베스트셀러 1위를 차지하며 오랫동안 많
은 사람들에게 사랑받고 있다.

옮긴이 **김해온**

전자공학을 전공하고 손전화를 설계하다가, 자신에게 좀 더 맞
는 일을 찾으려고 직장을 그만두고 번역과 글쓰기에 입문했다.
2003년부터 번역가 지망생들과 꾸준히 교류하여 2006년, 번역
스터디 카페 '주간번역가'를 만들었다.

『노마와 훈이』『총이의 여행』『나도 번역 한번 해볼까』 등을 쓰고
『인생이라는 샌드위치를 맛있게 먹는 법』『풋내기들』『힘 있는 글
쓰기』『콰이어트』『시크릿』『성공의 문을 여는 마스터키』『몰입의
재발견』『죽음의 신비』 등을 옮겼다.

부의 비밀

100년을
이어져 내려온
부의 원리와 원칙

부의 비밀

월리스 와틀스 지음
김해온 옮김

THE SCIENCE OF
GETTING RICH

흐름출판

일러두기

1. 이 책의 주는 모두 옮긴이의 것이다.
2. 1910년에 쓰여졌기 때문에 이 책에서 예를 들고 있는 시대 상황은 지금과 다른 점이 있다.

부자가 되는 과학

이 책은 철학적이거나 이론적인 논문이 아니라 실용적인 설명서이다. 그 무엇보다 돈이 필요한 사람, 빨리 '부자'가 되고 싶은 사람들을 위한 책이다. 지금까지 깊이 있게 이론을 연구할 시간과 기회를 찾지 못했지만 이제 과학적 결론을 위에서 행동하고자 하는 사람, 그리고 결실을 원하는 사람들을 위한 책이다.

책에서 제시된 기본 전제를 믿을 때는 마르코니나 에디슨이 발표한 전기의 법칙을 받아들이듯 하고, 이를 바탕으로 두려움이나 주저함 없이 행동하여 그것을 증명해주기 바란다. 이렇게 하면 분명히 부자가 될 것이다. 여기에 적용된 과학은 정밀과학으로, 실패할 수가 없기 때문이다. 그럼에도 불구하고 철학적 이론과 논리적 기반을 확보하고 싶은 독자를 위해 권위 있는 학자들을 몇 명 소개하겠다.

일원론은 힌두교에서 발생하여 지난 200년간 서양에 점차 스며든 사상으로, 모든 동양철학과 데카르트, 스피노자, 라이프니츠, 쇼펜하우어, 헤겔, 에머슨 철학의 근간이 되는 사상이다. 이것은 하나가 전체요, 전체가 하나이며 그 하나의 본질이 물질세계의 수많은 존재로 나타난다는 원리이다. 이에 관한 철학적 기반을 알고 싶은 사람은 특히 헤겔과 에머슨의 글을 읽어보길 바란다.

이 책은 명료하고 단순한 문체 외의 요소를 모두 배제하여 누구나 쉽게 이해할 수 있도록 했다. 여기에 제시한 행동 계획은 논리적 추론에 따라 철저한 시험을 거친 효과적인 방편들이다. 내가 어떻게 결론을 도출했는지 알고 싶다면 앞에서 언급한 저자들의 글을 읽어보라. 그리고 그 열매를 실제로 거두고 싶다면 이 책을 읽고 여기에 기록된 대로 행동에 옮기라.

월리스 와틀스

차례

1
부자가 될 권리

; 인간이 몸과 마음을 계발하려면 물질을 활용해야 한다

가난을 어떤 말로 칭송하더라도, 부유해지지 않는 한 진실로 완벽하거나 성공적인 삶을 영위할 수 없다는 사실은 변하지 않는다. 어느 누구도 금전적인 여유 없이 재능을 최대한으로 계발하거나 영혼을 일깨울 수 없다. 재능을 최대한으로 계발하고 영혼을 일깨우려면 반드시 여러 가지를 이용해야 하는데, 그러려면 돈이 있어야 하기 때문이다.

사람은 사물을 이용하여 몸과 마음과 영혼을 계발하는데, 사회 구조상 사물을 얻으려면 반드시 돈이 있어야 한다. 따라서 모든 성장의 밑바탕에는 부의 공통

된 비밀, 즉 부자가 되는 과학이 있을 수밖에 없다.

살아 있는 모든 생명체는 성장하고 발전하기 위해 존재하고, 계발할 수 있는 모든 면을 최대한으로 계발할 양도 불가의 권리가 있다.

살아갈 권리가 있다는 말은 인간에게 몸과 마음과 영혼이 성장하는 데 필요한 모든 것을 뜻대로 사용할 권리가 있다는 의미이고, 이는 곧 부자가 될 권리가 있다는 뜻이다.

나는 이 책에서 부유함을 비유적인 의미로 사용하지 않을 것이다. 진정한 부유함이란 적은 것으로 만족한다는 뜻이 아니다. 더 많이 활용하고 누릴 수 있는데도 적은 것으로 만족할 사람은 없으리라. 생명이 진화하고 성장하는 것이 우주의 섭리이기에, 사람은 누구나 힘 있고 우아하며 아름답고 풍요로운 삶을 누리는 데 보탬이 되는 것을 누려야 마땅하다. 적은 것에 만족하는 일은 이치에 맞지 않는다.

부자란 가능한 최고의 삶을 살아가는 데 필요한 것

을 모두 소유한 사람이고, 돈이 충분하지 않으면 누구도 원하는 것을 다 얻지 못한다. 이제는 생활수준도 크게 향상되었을 뿐 아니라 삶 자체도 매우 복잡해졌기 때문에, 지극히 평범한 사람이 완벽에 조금이나마 가까운 삶을 영위하려고 해도 상당히 풍족해져야 한다.

사람이란 더 나은 존재가 되기를 바라는 마음이 있게 마련이고, 타고난 가능성을 실현하고자 하는 바람은 인간의 본성이다. 우리는 자신이 될 수 있는 최고의 존재가 되고 싶은 마음을 피할 수가 없다. 성공이란 자신이 되고 싶은 사람이 된 상태를 가리킨다. 그렇게 되려면 자유롭게 활용할 물질이 있어야 하고, 그러려면 그것들을 살 수 있을 만큼 부유해져야 한다. 따라서 부의 비밀은 반드시 배워야 할 지식이다.

부유해지기를 바라는 마음에는 문제가 없다. 부유함을 바라는 마음은 더 풍요롭고 온전한 삶을 누리고 싶다는 소망을 뜻하는데, 이러한 소망은 칭송받을 만하다. 오히려 풍요롭게 살고 싶어 하지 않는 사람이 비정상이고, 원하는 것을 모두 얻을 만큼 부유해지기를 바라지 않는 사람도 비정상이다.

사람은 세 가지 동기 즉 몸, 마음, 영혼의 만족을 위해 살아간다. 셋 중 어느 하나도 다른 둘보다 우월하거나 거룩하지 않다. 모두 똑같이 중요하고 그중 하나라도 온전하지 못하면 나머지 둘도 온전할 수가 없다. 영혼만을 위해 살면서 몸이나 마음을 거부하는 일은 바람직하지도 고결하지도 않고, 지성만을 위해 살면서 몸과 영혼을 부정하는 일 역시 옳지 않다.

우리는 모두 몸을 위해 마음과 영혼을 부정했을 때 생기는 혐오스런 결과들을 안다. 그리고 참다운 삶이란 몸과 마음과 영혼을 통해 가능한 많은 것을, 되도록 완벽하게 실현한다는 뜻이라는 점도 이해한다. 어떤 말로 변호해도 육체가 제대로 기능하지 않으면 진실로 행복해하거나 만족하며 살 수 없고, 이는 마음과 영혼이 온전히 기능하지 않을 때도 마찬가지다. 사용되지 않는 능력이나 발휘되지 않은 가능성이 있으면 미련이나 아쉬움이 남게 마련이다. 이런 아쉬움은 우리 내면에 드러나기를 바라는 가능성이나 사용되기를 바라는 능력이 있음을 알려준다.

사람은 좋은 음식, 편안한 옷, 따스한 안식처가 없거나 과도한 노동에서 자유롭지 못하면 몸으로서 온전히 살 수 없다. 휴식과 기분 전환 역시 몸에 꼭 필요한 요소이다.

또 사람은 독서할 시간, 여행하고 관찰할 기회, 지적인 동료가 없으면 마음으로 온전히 살 수 없다. 이뿐 아니라 지적인 오락을 즐겨야 하고, 이용하고 감상할 만한 아름답고 예술적인 대상이 주위에 있어야 한다.

영혼으로서 온전히 살려면 반드시 마음에 사랑이 있어야 하는데, 가난은 사랑이 온전히 드러나는 데 장애가 된다. 인간은 사랑하는 이에게 도움을 줄 때 가장 큰 행복을 느끼고, 사랑은 뭔가를 줄 때 가장 자연스럽게 표현된다. 베풀 것이 없는 사람은 배우자로서, 부모로서, 사회인으로서, 인간으로서 자기 역할을 다하지 못한다.

즉, 인간이 몸과 마음을 계발하고 영혼을 일깨우려
면 물질을 활용해야 한다. 그러므로 그 무엇보다 중요
한 일이 바로 부유해지는 것이다.

부유해지기를 바라는 마음은 지극히 타당하다. 정
상적인 사람이라면 그럴 수밖에 없다. 부자가 되는 방
법에 최대한 관심을 기울이는 것도 지극히 타당한 일
이다. 부자가 되는 과학은 가장 고귀하면서 꼭 필요한
학문이다. 부자가 되는 일을 무시한다면 당신 자신과
신과 인류에 대한 의무를 태만히 하는 것이다. 자신을
최대한 계발하는 것이야말로 인류와 신에게 가장 크게
봉사할 수 있는 길이기 때문이다.

『부의 비밀』을 더 깊이 이해하기 위한 질문들

1. 살아갈 권리가 있다는 말이 곧 부자가 될 권리가 있다는 뜻이라는 점을 증명하라. 왜 그런지 상세히 적어보라.

2. 청빈, 즉 정직하나 가난한 생활에 만족하는 것은 타당한 일인가? 아니라면 왜 그런가? 당신은 얼마나 부유해지고 싶은가?

3. 온전한 삶이란 무엇인지, 부가 온전한 삶에 꼭 필요한 까닭이 무엇인지 설명하라.

4. 자신의 삶에서 몸과 마음과 영혼 가운데 어느 부분이 가장 부족하다고 생각하는가?

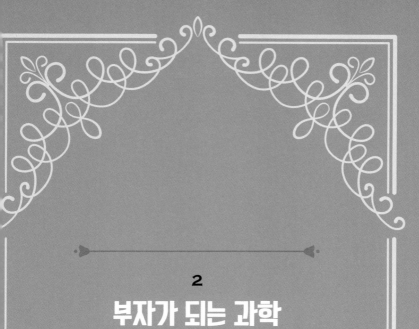

2

부자가 되는 과학

; 부자가 되는 방식으로 행동한다면 누구나 부자가 될 수 있다

이 세상에는 부자가 되는 과학이 있고 이 과학은 대수나 산수처럼 정확하다. 부유해지는 과정에는 그것을 관장하는 법칙들이 존재하며, 그 법칙을 배우고 따라가다 보면 누구든지 수학처럼 정확하게 부자가 될 수 있다.

돈과 재산을 소유하는 것은 '부자의 방식'으로 일한 결과이다. 의식적이든 무의식적이든 이 방식을 따르는 사람은 부자가 되지만, 그렇게 하지 않는 사람은 아무리 노력하고 아무리 능력이 있어도 가난하게 살아간다.

유사한 원인이 유사한 결과를 일으키는 것이 섭리다. 따라서 이 방식을 따르는 사람은 반드시 부자가 된다.

위에서 언급한 명제가 진실이라는 점을 증명하기 위해 다음 사실을 보자.

먼저, 부유해지는 것은 환경의 문제가 아니다. 환경의 문제라면 특정 지역에 사는 사람은 모두 부유하거나 가난해야 할 것이기 때문이다. 혹은 어떤 도시의 시민은 모두 부유하게 사는데 다른 도시의 시민은 모두 가난하게 살거나, 어떤 나라의 국민은 모두 부가 넘치는데 인접한 나라의 국민은 모두 가난하게 지내야 할 것이기 때문이다.

그러나 세상 어느 곳에서도 부유한 사람과 가난한 사람이 같은 환경에서 섞여 살며, 양쪽이 같은 직업에 종사하는 경우도 흔하다. 두 사람이 같은 지역에 살면서 같은 직업에 종사하는데 한 사람은 부유해지는 반면 다른 사람은 가난하게 산다면, 부유해지는 데 필요한 일차적인 요소가 환경이 아니라는 이야기다. 어떤 곳의 환경이 다른 곳보다 나은 경우는 있겠지만, 같은 환경에서 같은 직업에 종사하는 두 사람 중 한 사람은 부자가 되는데 다른 사람은 그렇지 못하다면, 이는 부자가 되는 것이 특정한 방식으로 행동한 결과임을 보여준다.

한 걸음 더 나아가, 앞에서 말한 특정 방식으로 행동하는 능력은 오로지 재능에 좌우되는 문제가 아니다. 재능이 뛰어난데 가난하게 사는 사람도 많고, 재능이 없는데 부유해지는 사람도 많기 때문이다.

부자가 된 사람들을 연구해보면 그들이 모든 면에서 평범해서 재주나 능력이 남들보다 대단하지 않다는 점을 알게 된다. 분명히 그들은 재능이나 능력 때문이 아니라, 우연히 '부자의 방식'으로 행동했기 때문에 부자가 된 것이다.

부유해지는 것은 저축이나 절약의 결과도 아니다. 아주 인색하게 굴면서 가난한 사람도 많고, 마음껏 쓰는데도 부자가 되는 경우도 많기 때문이다.

부유해지는 것은 다른 사람이 못하는 일을 하기 때문도 아니다. 직업이 같은 두 사람이 거의 똑같은 일을 하는데도, 한 사람은 부자가 되고 다른 사람은 계속 가난하거나 망하지 않던가.

이제까지 언급한 사실을 살펴보면, 부유해지는 것이 '부자의 방식'으로 행동함으로써 일어나는 결과라는 결론에 도달할 수밖에 없다.

부유해지는 것이 부자의 방식으로 행동해서 일어나는 결과라면, 또 유사한 원인이 유사한 결과를 일으키는 인과의 법칙이 작용한다면, 그 방식을 따르고 행동할 수 있는 사람은 누구든지 부유해질 수 있다. 다시 말해, 이 모든 것이 정밀과학의 영역에 들어가게 된다.

여기서 발생하는 의문은 혹시 이 방식이 너무 어려워서 몇몇 사람만 따를 수 있는 것이 아닌가 하는 점이다. 앞에서 살펴보았다시피 이는 타고난 능력과 관계가 없다. 재능 있는 사람도 부자가 되지만 멍청이도 부자가 되고, 지적으로 총명한 사람도 부자가 되지만 얼간이도 부자가 되며, 신체적으로 강한 사람도 부자가 되지만 약하고 병든 사람도 부자가 된다.

물론 어느 정도의 사고력과 이해력은 필요하지만 타고난 재능만 놓고 이야기하자면, 이 글을 읽고 이해할 정도의 지각력만 있다면 누구나 부자가 될 수 있다.

앞에서 보았듯이 부자가 되는 것은 환경의 문제가 아니다. 물론, 지리적 위치가 중요할 때도 있다. 사하라 사막 한가운데서 사업에 성공하기를 기대할 수는 없을 테다. 부자가 되려면 사람들과 거래해야 하고 거래할 사람이 있는 곳에 있어야 한다. 이 사람들이 우리가 바라는 방식으로 거래하고자 한다면 더 좋겠지만, 그렇지 않다고 해도 환경이 작용하는 것은 거기까지다. 당신 마을에서 누군가 부자가 될 수 있었다면 당신 역시 부자가 될 수 있고, 당신 나라에서 누군가 부유해질 수 있었다면 당신 역시 부유해질 수 있다.

다시 말하지만 부자가 되는 것은 특정 사업이나 직

업의 선택과는 관계가 없다. 어떤 직업이나 사업에서도 어떤 사람은 성공하는 반면 똑같은 직업에 종사하는 옆집 사람은 가난한 상태에 머무른다.

자신이 좋아하고 적성에 맞는 일을 하면 가장 잘해낼 수 있을 것이다. 그리고 재능을 잘 계발한다면 그런 재능이 필요한 직업에서 최고의 결과를 낼 것이다. 또, 자신이 사는 지역 특성에 맞는 사업에서도 최상의 결과를 낼 수 있다. 아이스크림 가게는 그린란드보다는 따뜻한 지역에서 잘될 테고, 연어잡이는 연어가 드문 플로리다 지역(미국 남동부)보다는 북서부 지역에서 잘될 것이다.

그러나 이런 일반적인 제약을 제외하면, 부유해지는 것은 특정 사업에 종사하느냐보다는 '부자의 방식'으로 행동하는 법을 터득했느냐에 좌우된다. 당신이 지금 어떤 사업을 하고 있는데 그 지역에서 같은 사업을 하는 다른 사람들은 모두 부자가 되고 당신만 부자가 되지 못했다면, 그것은 당신이 다른 사람과 같은 방식으로 하지 않았기 때문이다.

사람은 자본이 없어서 부자가 되지 못하는 것이 아니다. 물론 자본이 있으면 부를 더 쉽고 빠르게 얻을 수 있겠지만, 자본이 많은 사람은 이미 부유한 사람이며 어떻게 하면 부자가 될 수 있는지 생각할 필요가 없다. 당신이 지금 얼마나 가난하든 부자의 방식으로 행동한다면 부자가 되기 시작하고 자본이 모이기 시작할 것이다. 자본 축적은 부유해지는 과정의 일부이고, 부자의 방식으로 행동할 때 반드시 따라오는 결과의 일부이기도 하다.

당신은 지금 이 나라에서 가장 가난한 사람인지도 모른다. 엄청난 빚에 허덕이는데 도와줄 친구가 한 명도 없고 영향력이나 수단도 없을지 모른다. 그러나 부자의 방식으로 행동하기 시작하면 당신은 분명히 부유해질 것이다. 비슷한 원인은 반드시 비슷한 결과를 낳기 때문이다. 자본이 없으면, 만들면 된다. 엉뚱한 직업에 종사하고 있다면, 맞는 직업으로 바꾸면 된다. 맞지 않는 지역에 살고 있다면, 잘 맞는 지역으로 이동하면 된다. 그리고 그러려면 지금 있는 곳에서 지금 하는 일을 하면서 성공을 부르는 방식으로 행동하기 시작해야 한다.

『부의 비밀』을 더 깊이 이해하기 위한 질문들

1. 돈과 재산을 소유하는 것은 무엇의 결과인가?

2. 부자가 되는 것이 환경의 문제가 아니라는 점을 증명하라.

3. 부자가 되는 것이 뛰어난 재능의 문제가 아니라는 점을 증명하라.

4. 부자가 되는 것이 저축이나 절약의 결과가 아니라는 점을 증명하라.

5. 부자가 되는 것이 사람들이 무시하거나 간과한 일을 한 결과가 아니라는 점을 증명하라.

6. 부자의 방식이 너무 어려워서 따를 수 없는 것이 아니라는 점을 증명하라.

7. 부자가 되는 데 지리적 위치가 얼마나 중요한지 설명하라.

3

기회와 독점

; 거스르지 않고 흐름을 타라

기회를 빼앗겨서 가난한 상태에 머무르는 사람은 없다. 다른 사람들이 부를 독점한 뒤 그 주위에 담장을 쌓아둔 탓에 가난하게 사는 사람도 없다. 특정 분야의 일을 못하게 될 경우는 있을지 모르지만, 다른 길은 열려 있게 마련이다.

지금 (1900년대 초) 당신이 철도 사업을 어느 정도라도 통제하게 되기는 아마 어려울 것이다. 그 분야는 이미 상당히 독점되었기 때문이다. 그러나 전기 철도 사업은 아직 초창기이고 뛰어들 기회도 충분하다. 더욱이 몇 년만 지나면 항공 운송도 커다란 산업으로 발전할 테고 그 아래에서 수백 수천, 어쩌면 수백만 명이 일자리를 얻을 것이다. 철도 거물들과 경쟁하는 대신 항공 운송 쪽으로 관심을 돌리는 편이 어떻겠는가?

철강 트러스트에 고용된 노동자가 그 공장의 고용주가 될 가능성은 희박할 것이다. 그러나 '부자의 방식'으로 행동하기 시작하면 곧 철강 트러스트의 일자리를 떠나 몇 만 평 규모의 농장을 매입한 뒤 식품 생산자로 일하게 될 수도 있다. 요즘은 일정 규모의 경작지에서 생계를 유지하고 집중적으로 작물을 재배할 기회가 열려 있다. 그런 사람은 분명 부유해질 것이다. 당신은 땅을 살 수가 없다고 말할지 모르지만, 나는 그것이 불가능하지 않으며 특정한 방식으로 일하면 확실히 농장을 얻을 수 있다는 점을 증명할 것이다.

시기에 따라 기회의 물결은 서로 다른 방향으로 흐르는데, 그 방향은 그 사회의 발전 수준과 사회 전체의 필요를 따라간다. 지금 미국에서는 농업과 그 관련 업종 쪽으로 움직이고 있다. 오늘날 기회의 문은 공장 노동자보다 농부에게 더 많이 열려 있고, 공장 노동자를 상대로 하는 사업가보다 농부를 상대로 하는 사업가에게 더 많이 열려 있으며, 노동자 계급을 대상으로 하는 전문가보다 농부를 대상으로 하는 전문가에게 더 많이 열려 있다.

이렇게 흐름을 거스르지 않고 타는 사람은 다양한 기회를 얻게 된다.

따라서 근로자도 개인으로서든 집단으로서든 기회를 얻지 못하는 것은 아니다. 근로자는 기업주에게 억압받는 것도 아니고, 재벌이나 대기업에게 착취당하는 것도 아니다. 근로자 계급이 그 상태에 머무는 이유는 그들이 부자의 방식으로 행동하지 않기 때문이다.

근로자 계급도 부자의 방식으로 행동하기 시작하면 고용주가 될 수 있다. 부의 법칙은 누구에게나 똑같이 적용된다. 근로자 계급은 이것을 반드시 깨달아야 한다. 지금 같은 방식으로 행동하는 한 그들은 계속 근로자로 머물 것이다. 그러나 그 계급이 무지나 나태함 때문에 그 자리에 머무르더라도 근로자 개개인은 기회의 물결을 타고 부자가 될 수 있다. 이 책에서 부자가 되는 방법을 배우게 될 것이다.

부자가 될 자원이 부족하기 때문에 가난에 얽매이는 것도 아니다. 자원은 모두에게 넘칠 정도로 충분하다. 미국에서 생산되는 건축 재료만으로도 워싱턴의 백악관만큼 큰 건물을 세계 모든 가구에 공급할 수 있고, 이 땅을 집중적으로 경작하면 솔로몬이 최고의 영광을 누릴 때 입었던 것보다 더 뛰어난 소재의 모직·면·리넨·실크를 생산할 수 있다. 모든 이에게 호화로운 음식을 충분히 제공할 수도 있다. 눈에 보이는 자원도 풍부하지만 눈에 보이지 않는 자원은 실로 무한하다.

지구상에 존재하는 모든 것은 한 가지 근본 원소

original substance*에서 비롯되고, 거기에서 만물이 만들어진다.

새로운 것은 끊임없이 생겨나고 낡은 것은 사라지지만, 모두가 그 한 가지 원소에 외형을 입힌 것이다.

무형의 원료, 즉 근본 원소는 한없이 공급된다. 우주는 이 근본 원소로 구성돼 있지만, 이것은 우주를 만든 뒤에도 고갈되지 않았다. 우주에 존재하는 모든 것의 내부와 그것들 사이의 공간은 무형의 원료인 이 근본 원소―만물의 원료―로 가득 차 있다. 지금까지 생겨난 것보다 1만 배 많이 만들어진다 해도 우주의 원료는 무한하며 고갈되는 일이 없을 것이다. 따라서 사람은 자연이 고갈되거나 자원이 부족하기 때문에 가난해지는 것이 아니다.

---

*   근본 원소^{original substance}: '우주 창조에 이용된 눈에 보이지 않는 재료'를 과학적인 관점에서 바라보기 위해 붙인 이름이다. 근본 원소는 이 책에서 다양한 이름으로 사용된다. 근본 원소 = 무형의 원료 = 무형의 존재 = 무형의 원소 = 생각하는 원소 = 신 = 조물주 = 무한한 존재 등으로 사용되었다.

자연은 고갈되지 않는 부의 창고이기에 결코 바닥이 드러나지 않는다. 근본 원소는 창조 에너지와 함께하며, 새로운 것을 쉬지 않고 만들어낸다. 건축 재료가 고갈되는 날이 오면, 더 많은 재료가 만들어질 것이다. 경작지가 황폐해져 음식과 옷감으로 쓸 재료가 자라지 못하면, 그 경작지가 재생되거나 새로운 경작지가 생길 것이다. 지구상의 모든 금과 은을 캐낸 뒤에도 인간 사회에 금과 은이 필요하다면, 금과 은이 무형의 원료에서 다시 생겨날 것이다. 무형의 원료는 인류의 필요에 반응하며, 세상에 부족한 것이 없도록 안배한다.

이것은 인류 전체에 해당되는 이야기다. 전체로서 인류는 늘 충분히 부유했다. 개개인이 가난한 까닭은 부의 비밀을 깨닫지 못했고 부유해지는 방식을 따르지 않았기 때문이다.

무형의 원료는 지적인 존재, 사고하는 존재다. 그것은 살아 있으며, 언제나 생명을 확장하는 방향으로 움직인다.

생명체가 더 살고자 하는 것은 자연스럽고 본능적인 욕구이고, 지성이 더 커지고자 하고 의식이 그 경계를 넓혀 더욱 완전하게 표현되고자 하는 것 역시 자연스러운 일이다. 눈에 보이는 우주는 살아 있는 무형의 원소가 자신을 더 완벽하게 표현하기 위해 물질이라는 외형을 취함으로써 생겨났다.

우주는 하나의 거대한 생명체로, 언제나 생명이 융성하고 더 완벽하게 기능하는 방향으로 움직이게 마련이다. 자연은 생명이 진보하게 하기 위해 생겨났고 가장 큰 목적은 생명을 증가시키는 것이다. 이런 까닭에 생명에 기여할 수 있는 것은 모두 풍부하게 공급된다. 조물주가 창조를 부정하고 세상을 무로 돌리기 전에는 부족함이란 있을 수 없다.

당신은 부의 공급이 부족하여 가난한 것이 아니다. 이 책을 읽다 보면 부자의 방식으로 생각하고 행동하는 사람은 무형의 공급원조차 뜻대로 할 수 있다는 사실을 이해하게 될 것이다.

『부의 비밀』을 더 깊이 이해하기 위한 질문들

1. 기회가 독점될 수 없다는 점을 증명하라.

2. 전 세계의 근로자들이 자기 손으로 미래를 만들 수 있다는 점을 증명하라.

3. '보이지 않는 자원'은 무엇을 뜻하는가?

4

부자가 되는 과학의 첫 번째 원칙

; 원하는 방식으로 생각할 능력을 기르라

무형의 원소에서 유형의 부를 생산해내는 유일한 힘은 '생각'이다.

생각하는 원소는 만물이 만들어지는 재료로서, 이 원소에 어떤 형상이 맺히면 그 형상이 생겨난다. 근본 원소는 거기에 맺히는 생각에 따라 움직여 형상과 변화를 만든다. 그것이 어떤 형상을 생각하면 그 형상이 만들어지고, 어떤 움직임을 생각하면 그 움직임이 창조된다. 이것이 만물이 창조된 원리다.

우리가 사는 세상은 '생각의 세계'이고, 이는 '생각의 우주'의 일부다. 무형의 원소에 '움직이는 우주'라는 생각이 두루 퍼지자 그 생각에 따라 행성계가 만들어졌고, 그 후로도 그 모습을 유지하고 있다. 생각하는 원소는 자신이 생각한 형상을 취하고 그 생각에 따라 움직인다.

생각하는 원소가 원운동을 하는 태양계를 생각하자 그대로 태양계가 생겨나고 그 생각대로 움직이게 되었다. 생각하는 원소가 천천히 자라는 참나무를 생각하자 그에 따라 참나무가 창조되었다. 물론 여기에는 수 세기가 걸렸을지 모른다.

창조할 때 무형의 원소는 스스로 정립한 행동 방침을 따라 움직이는 듯하다. 바꿔 말해서, 참나무를 생각한다고 곧바로 다 자란 참나무가 생기는 것이 아니라 이미 정해진 성장 과정을 따라 나무가 태어날 힘이 움직이기 시작한다는 뜻이다.

생각하는 원소에 깃든 생각은 모두 그 형상대로 창조되지만, 일반적으로는 이미 확립된 성장과 움직임의 과정을 따라간다. 예를 들어보자. 우리가 어떤 구조의 집을 떠올리고 그 생각을 무형의 원소에 각인한다고 해서 그 즉시 집이 생기는 것은 아니다. 그 대신 무역이나 상거래에서 이미 작동하는 창조 에너지가 특정한 방법으로 움직여 집이 빠르게 만들어진다. 이때 창조 에너지가 작용할 기존의 통로가 없다면, 무생물과 생물이 형성되는 더딘 과정을 기다리지 않고 근본 원소에서 곧바로 집이 창조될 것이다.

근본 원소에 어떤 생각이 각인되면 그대로 형상화된다.

사람은 생각의 중심으로, 생각을 일으킬 수 있다. 사람이 만들어내는 사물은 무엇이든 먼저 생각으로 존재해야 한다. 생각하지 않고서 어떤 사물을 만들어낼 수는 없는 법이다.

지금까지 인간은 손으로 할 수 있는 분야에 노력을 제한하면서, 물질세계에 육체적인 노력을 기울여 이미 존재하는 것을 바꾸거나 고치려고 했다. 인간은 아직

까지 무형의 원소에 생각을 각인함으로써 새로운 물질을 창조하려는 생각을 한 번도 해보지 않았다.

뭔가 착상을 얻으면 인간은 자연에서 물질을 취해 마음속에 있는 형태를 이미지로 만든다. 지금까지 인간은 무형의 존재와 협력하려는 노력을―'조물주'와 협력하려는 노력―거의 하지 않았다. '조물주가 하시는 일'을 할 수 있다고는 꿈에도 생각하지 않았다. 육체적 노동으로 기존의 형상을 바꾸고 고치기만 했을 뿐, 무형의 원소와 생각을 소통함으로써 물질을 만들어낼 수 있느냐 하는 의문에는 관심을 기울이지 않았다.

나는 누구든지 그렇게 할 수 있음을 증명하고, 그렇게 하는 방법을 보여주려고 한다. 그 첫걸음으로 먼저 세 가지 근본 명제를 언급하겠다.

일단 만물이 만들어지는 시발점인 무형의 원소가 존재한다고 가정한다. 눈에 보이는 수많은 존재들은

모두 한 가지 원소의 다양한 표현일 뿐이다. 무생물계
와 생물계에 존재하는 다양한 생명체들은 모두 똑같은
원료에서 다른 형태로 만들어진 것에 불과하다. 또 이
원소는 생각하는 존재로서, 거기에 형성된 생각은 그
생각의 형태로 창조된다. 근본 원소에 깃든 생각은 형
상을 띠게 된다. 사람은 생각의 발생지로, 독자적으로
생각할 수 있다. 생각을 근본 원소에 전달할 수 있다면
자신이 생각하는 것을 창조하거나 만들어낼 수 있다.

　이를 요약해보자.

　첫째, 만물이 창조되는 근본에는 무형의 근본 원
소가 존재하는데, 이것은 우주 공간 전체에 스며들어
있다.

　둘째, 이 원소에 생각이 깃들면 그 생각대로 사물이
창조된다.

　셋째, 사람은 사물을 생각해낼 수 있고, 그 생각을
무형의 원소에 각인함으로써 생각하는 대상이 창조되

게 할 수 있다.

이 진술을 증명할 수 있느냐고 의문을 제기한다면 복잡하게 설명하지 않고 논리와 경험 두 가지 방법으로 가능하다고 대답하겠다.

형상과 생각이라는 현상에서 역방향으로 추론하면 하나의 '생각하는 근본 원소'가 존재한다는 결론에 이르고, 이 생각하는 근본 원소에서 정방향으로 추론하면 '인간에게 자신이 생각하는 것이 만들어지게 할 힘이 있다'는 결론에 이르게 된다.

나는 실험으로 이 추론이 옳다는 것을 알았다. 이것이 가장 강력한 증거다.

만일 독자인 당신이 이 책에 쓰인 대로 해서 부자가 된다면 이는 위의 주장을 지지하는 한 가지 증거로 그치겠지만, 책에 쓰인 대로 하는 사람이 모두 부자가 된다면 이것은 실패하는 사람이 나오지 않는 한 확실한 증거가 될 것이다.

이 이론은 실패하는 사례가 나오기 전에는 참이고, 책에서 말하는 대로 정확히 따르는 사람이 모두 부자가 될 것이므로 실패하지 않을 것이다.

앞에서 나는 부자의 방식으로 행동하면 부자가 될 수 있다고 말했다. 그렇게 되려면 먼저 부자의 방식으로 생각할 수 있어야 한다.

사람이 행동하는 방식은 생각하는 방식과 직결되어 있다. 따라서 원하는 방식으로 행동하려면, 먼저 원하는 방식으로 생각하는 능력을 길러야 한다. 이것이 부자가 되는 첫 걸음이다.

원하는 대로 생각한다는 말은 눈에 보이는 것이 어떻든 상관없이 진실을 생각할 수 있다는 뜻이다.

사람은 누구나 자기가 바라는 대로 생각하는 능력을 타고나지만 이를 실행하려면 눈에 보이는 대로 받아들일 때보다 훨씬 더 애를 써야 한다. 눈에 보이는 대로 생각하기는 쉽다. 보이는 것과 무관하게 진실을 생각하려면 힘이 들고, 그 어떤 일보다 에너지가 많이 들어간다.

사람들은 지속적으로 쉬지 않고 생각하는 일을 피한다. 왜냐하면 이것이 세상에서 가장 고된 노동이기 때문이다. 특히, 진실이 겉모습과 정반대일 때는 더욱 그렇다. 보이는 세계에 나타나는 모든 외형은 그것을 관찰하는 마음에서 심상을 만들어내는데, 이를 막으려면 진실을 계속 생각해야 한다.

가난한 모습을 바라보면 그에 상응하는 심상이 생성되고, 이를 막으려면 '가난이란 없고 오직 풍요만 존재한다'라는 진실을 놓치지 말아야 한다.

병든 모습에 둘러싸인 상황에서 건강을 생각하거나 가난한 모습들 한가운데서 부유함을 생각하려면 힘이 필요하지만, 그 힘을 얻는 사람은 운명의 주인이 된다. 그런 사람은 운명을 정복하여 원하는 것을 얻을 수 있다.

그 힘은 모든 겉모습 뒤에 감춰진 근본 원리를 이해해야만 얻을 수 있는데, 그 원리란 '만물을 창조하는 생각하는 원소가 있다는 사실'이다. 따라서 우리는 이 원소에 깃든 생각이 모두 형태를 입는다는 진리와, 인간이 그 원소에 생각을 각인하여 눈에 보이는 물질이 되게 할 수 있다는 진리를 받아들여야 한다.

이것을 깨달으면 의심과 두려움이 모두 사라진다. 원하는 것을 창조할 수 있고, 갖고 싶은 것을 얻을 수 있고, 원하는 존재가 될 수 있음을 알기 때문이다. 부자가 되는 첫 단계로, 당신은 반드시 이 장에 제시된 세 가지 대전제를 믿어야 한다. 강조하기 위해 한 번 더 반복하겠다.

첫째, 만물이 창조되는 근본에는 무형의 근본 원소가 존재하는데, 이것은 우주 공간 전체에 스며들어 있다.

둘째, 이 원소에 생각이 깃들면 그 생각대로 사물이 창조된다.

셋째, 사람은 사물을 생각해낼 수 있고, 그 생각을

무형의 원소에 각인함으로써 생각하는 대상이 창조되게 할 수 있다.

　우주를 보는 다른 모든 관념을 내려놓고, 이 생각이 마음속에 고정되어 습관이 될 때까지 마음에 품으라. 위의 문장들을 반복해서 읽으라. 하나하나를 기억에 각인하고, 이 말에 담긴 의미를 굳게 믿게 될 때까지 이를 명상하라. 의심이 생기면 던져버리라. 이 개념에 반대하는 주장에 귀 기울이지 마라. 이와 반대되는 개념을 가르치거나 전파하는 곳에 가지 마라. 다른 생각을 주입하는 잡지나 책을 읽지 마라. 믿음이 뒤죽박죽이 되면 모든 노력이 허사가 될 것이다.

　왜 이것이 진리인지 묻지도 말고, 어떻게 진리가 될 수 있는지 사색하지도 말고 그저 받아들이라. 이를 절대적으로 받아들일 때 부자가 되는 첫걸음을 내딛게 될 것이다.

『부의 비밀』을 더 깊이 이해하기 위한 질문들

1. 무형의 원소에서 무언가를 만들어내려면 무엇부터 해야 하는가?

2. 사람은 어떤 존재이고, 어떤 힘이 있는가?

3. 48~49쪽의 요약을 상기해보라. 그 내용이 이해가 가는가? 그것을 믿는가? 그것을 어떻게 증명할 수 있는가?

4. 겉으로 드러나는 모습들 뒤에 감춰진 근본 원리는 무엇인가?

5. 부자가 되는 과학을 실행하려면 무엇을 해야 하고 무엇을 믿어야 하는가?

5

융성하는 생명

; 경쟁의식을 버리고 창조의식으로 행동하라

사람을 가난하게 만들거나 가난한 상태에 머무르게 하려는 여신이 있다는 낡은 생각은 반드시 떨쳐버려야 한다.

모든 존재와 하나이고, 모든 존재의 내면에 있으며, 당신 안에도 존재하는 무형의 원소는 의식이 있는 지적인 존재이다. 의식 있는 존재이기에 다른 모든 의식 있는 생명체와 마찬가지로 생명이 융성하기를 바라는 본능적인 성향이 있다. 모든 생명체는 자기 생명을 증진할 길을 찾을 수밖에 없는데 생명이란 살아간다는 그 자체만으로도 점점 증가하게 마련이기 때문이다.

씨앗이 땅에 떨어지면 싹을 틔우고, 살아가는 동안 수많은 씨앗을 만들어낸다. 생명은 살아가면서 증가하고 항상 더 많아지는 쪽으로 움직인다. 계속 존재하려면 그럴 수밖에 없다.

지성 역시 생명과 마찬가지로 끊임없이 성장하려고 한다. 우리가 어떤 생각을 하면 그것은 언제나 또 다른 생각으로 이어지고, 의식은 계속 확장된다. 우리가 새로운 사실을 배우면 이를 계기로 또 다른 사실을 배우게 되고, 이렇게 지식도 계속 증가한다. 우리가 어떤 재능을 길러내면 또 다른 재능을 키우고 싶은 욕망이 생긴다. 이렇게 사람은 자신을 표현하려는 생명의 본능적인 충동에 따라 더 많이 알고, 더 많이 하고, 더 나은 존재가 되려고 바라게 마련이다.

더 많이 알고, 더 많이 하고, 더 나은 존재가 되려면 더 많이 있어야 한다. 활용할 수 있는 물질이 있어야만 더 많이 알고, 더 많이 하고, 더 나은 존재가 될 수 있기 때문이다. 그러려면 우리는 부자가 되어야 한다.

부유해지려는 마음은 한마디로 '더 넓은 삶을 받아들일 가능성'에서 비롯된다. 욕망이란 아직 드러나지 않은 가능성이 실현되려고 애쓸 때 일어나는 현상이다. 그것은 힘이 자신을 드러내려고 하기에 나타나는 것이다. 우리가 돈이 더 많아지기를 바라게 하는 마음은 식물을 자라게 하는 원동력과 마찬가지로 자신을 더 온전하게 드러내려는 생명의 욕구에서 비롯된다.

살아 있는 무형의 원소도 위에서 언급한 법칙을 따라간다. 무형의 원소는 성장하려는 욕구로 가득하고, 그런 까닭에 생명을 창조한다. 무형의 원소는 우리 안에서 성장하기를 바란다. 그러므로 무형의 원소는 우리가 필요한 것을 전부 얻기를 바란다.

다른 말로 표현하자면, 신도 우리가 부유해지기를 바란다.

우주는 우리가 바라는 것을 모두 얻게 되기를 바란다. 자연은 우리의 계획에 찬성한다. 모든 것이 우리를 위해 준비되어 있다. 이것이 진실이라고 믿으라.

그러나 여기에는 조건이 있다. 우리의 목적과 무형의 원소의 목적은 반드시 조화를 이루어야 한다.

당신은 단지 쾌락이나 감각적인 만족이 아니라 참된 삶을 바라야 한다. 삶이란 기능을 이용하는 과정이고, 참된 삶이란 가능한 모든 기능—몸과 마음과 영혼의 능력—을 과도하지 않게 온전히 활용하는 삶이다.

당신은 동물적 욕구를 충족하며 돼지처럼 살려고 부자가 되려는 것은 아닐 것이다. 그러나 신체 기능을 모두 활용하는 것은 삶의 일부이다. 정상적이고 건강한 신체적 표현과 충동을 거부하면 온전한 삶을 살 수 없다.

당신은 오직 정신적 쾌락을 즐기고, 지식을 쌓고, 야망을 이루고, 남보다 빛나며, 유명해지려는 이유만으로 부자가 되기를 바라는 것도 아닐 것이다. 이것들은 엄연히 삶의 일부이기는 하지만, 지적인 쾌락만을 추구한다면 부분적인 삶을 살 뿐이다. 따라서 자신의 운명에 결코 만족할 수 없을 것이다.

당신은 오로지 타인을 위해 자신을 희생하고, 인류를 구하고자 자신을 버리고, 박애주의와 희생의 기쁨을 경험하기 위해서만 부자가 되고 싶어 하는 것도 아닐 것이다. 영혼의 기쁨도 삶의 일부일 뿐, 다른 부분보다 훌륭하거나 거룩한 것은 아니다.

우리가 부유해지기를 바라는 까닭은 먹고 마시고 즐거워할 때가 되면 그렇게 하기 위해서이고, 아름다운 것들을 가까이하고 멀리 보이는 풍경을 바라보고 마음에 양식을 주며 지성을 계발하기 위해서이며, 남을 사랑하고 친절한 일을 하며 세상이 진리를 발견하도록 돕기 위해서다.

그러나 명심하라. 극도의 이타주의는 극도의 이기주의보다 훌륭하지도 고귀하지도 않다. 양쪽 다 바람직하지 않다. 당신이 남을 위해 희생하기를 조물주가 바란다거나 그렇게 함으로써 조물주에게 좋게 보이려는 생각은 버리라. 조물주는 당신에게 그런 것을 요구하지 않는다.

조물주는 우리가 자신을 최대한 계발하기를 바란다. 자신을 위해, 다른 존재들을 위해. 그렇게 함으로써 다른 존재들을 도와줄 수 있기 때문이다.

자신을 최대한 계발하려면 부유해져야 하므로, 부유해지는 것을 가장 우선시하는 일은 옳고 칭찬받을 만하다.

그러나 반드시 기억하라. 무형의 원소는 전체가 잘되기를 바라고, 따라서 모두의 삶이 더 나아지는 방향으로 움직인다. 무형의 원소는 모든 존재의 안에 똑같이 깃들어 풍요와 생명을 바라므로, 그 누구에게든 삶이 움츠러들게 하는 방향으로는 작동할 수 없다.

지혜로운 무형의 원소는 우리가 바라는 것을 만들어주겠지만, 다른 사람의 것을 빼앗아서 주지는 않을 것이다.

당신은 반드시 경쟁의식을 버려야 한다. 이미 창조된 것을 놓고 경쟁하지 말고, 새로운 것을 창조해야 한다.

당신은 누구에게서 그 어떤 것도 빼앗을 필요가 없다.

당신은 지나치게 흥정할 필요도 없다.

당신은 남을 속이거나 이용할 필요도 없다. 일한 것보다 적은 임금으로 사람을 고용할 필요도 없다.

당신은 남의 재산을 탐하거나 탐내는 눈으로 바라볼 필요도 없다. 다른 사람에게 있는 것과 비슷한 것을 당신도 얻을 수 있으므로 그 사람의 것을 빼앗을 필요가 없다.

당신은 경쟁자가 아니라 창조자가 되어야 한다. 당신은 원하는 것을 얻게 되겠지만, 당신과 연관된 사람이 모두 현재보다 더 나아지는 경우에만 그렇게 될 것이다.

나는 위에 언급된 내용과 정반대의 방법으로 엄청난 돈을 번 사람들이 있다는 사실을 알고 있다. 그에 관해 한마디 설명하고자 한다.

아주 부유해지는 금권정치가 유형 중에는 순전히 특별한 경쟁력으로 그렇게 되는 사람들이 있다. 또 무형의 원소가 산업의 성장을 통해 인류를 전반적으로 발전시키려고 하는 거대한 목적과 움직임에 무의식적으로 연결된 덕분에 그렇게 되는 사람들도 있다. 세계 최고의 부자 록펠러, 강철왕 카네기, 금융왕 J. P. 모건 등은 무형의 원소를 대신하여 생산성 높은 산업을 체계화하고 조직화하는 데 필요한 일을 대행한 무의식적인 대리인이었고, 결국 모든 사람의 삶을 향상시키는 데 커다란 공헌을 했다. 그러나 그들의 시대는 거의 끝났다.

그들은 마치 선사시대의 공룡과 같다. 진화 과정에서 필요한 부분이기는 하나, 그들을 만들어낸 바로 그힘 때문에 사라지게 될 것이다. 명심해야 할 것은 그들이 진정으로 부유한 적이 없었다는 점이다. 이 부류에 해당하는 사람들의 개인사를 들여다보면 대부분 그들이 누구보다 비참하고 가련하게 살았다는 점이 드러날 것이다.

경쟁의 세계에서 획득한 부는 결코 만족스럽거나 영원하지 않다. 오늘은 내 것이지만 내일은 다른 이의 것이다. 명심하라. 과학적인 방식으로 부자가 되려면 경쟁의식에서 완전히 벗어나야 한다. 공급이 부족하다는 생각을 한순간이라도 해서는 안 된다. 모든 돈이 '독점되고' 다른 사람의 손아귀에 있으니 그 흐름을 막는 법안이라도 통과시켜야 한다는 식으로 생각하는 순간, 경쟁의식에 빠지고 창조력도 사라지게 된다. 게다가 더욱 나쁜 것은 이미 시작된 창조의 움직임조차 억제될 공산이 크다는 점이다.

분명히 알라. 아직 빛을 보지 못한 채 땅속에 잠든 금이 헤아릴 수 없을 만큼 많다는 것을 잊지 마라. 부족하다면 생각하는 원소가 당신의 바람을 들어주려고 더 많이 만들어낼 것임을 잊지 마라. 비록 내일 새로운 금광을 발견하려면 천 명의 일손이 필요하다 해도, 당신에게 필요한 돈이 들어올 것임을 잊지 마라.

결코 눈에 보이는 공급에만 신경 쓰지 마라. 언제나 무형의 원소에 잠재된 무한한 부를 바라보고, 당신이 받아 사용할 수 있는 최대한의 속도로 그 부가 당신에게 다가온다는 사실을 알라. 그 누구도 보이는 공급을 독점함으로써 당신에게 올 부를 막지 못한다.

그러니 서두르지 않으면 집짓기에 좋은 명당이 모두 사라져버릴 것이라는 생각은 한순간이라도 하지 마라. 대기업이나 재벌에 대해 걱정하거나 그들이 곧 온 지구의 부를 모조리 소유할 것이라고 불안해하지 마라. 다른 사람이 당신을 앞지르는 바람에 원하는 것을 얻지 못할 것이라고 결코 두려워하지 마라. 그런 일은 결코 일어나지 않는다.

당신은 다른 사람이 소유한 것을 바라는 것이 아니라, 원하는 것이 무형의 원소에서 창조되도록 하려는 것이다. 공급은 무한하다.

다시 다음의 명제를 기억하라.

첫째, 만물이 창조되는 근본에는 무형의 근본 원소가 존재하는데, 이것은 우주 공간 전체에 스며들어 있다.

둘째, 이 원소에 생각이 깃들면 그 생각대로 사물이 창조된다.

셋째, 사람은 사물을 생각해낼 수 있고, 그 생각을 무형의 원소에 각인함으로써 생각하는 대상이 창조되게 할 수 있다.

『부의 비밀』을 더 깊이 이해하기 위한 질문들

1. 우리가 바라는 것을 모두 얻기를 무형의 원소도 바란다는 점을 증명하라.

2. 우리의 목적이 무형의 원소의 목적과 반드시 조화를 이루어야 하는 까닭은 무엇인가?

3. 자신을 최대한으로 계발하는 것이 그 어떤 방법보다 사람들을 더 많이 도울 수 있는 길인 까닭은 무엇인가?

4. 창조와 경쟁은 서로 어떻게 다른가?

5. 금권정치가나 독점기업가가 생겨난 까닭은 무엇인가?

6. 경쟁의 차원에서 얻은 부가 행복으로 이어지지 않는 까닭은 무엇인가?

7. 경쟁의식에 빠지지 않으려면 어떻게 해야 하는가?

6

부가 다가오게 하는 방법

; 믿은 만큼 받는다

앞에서 '지나치게 흥정할 필요가 없다'고 말했는데 이
것은 흥정이나 거래를 할 필요가 전혀 없다는 뜻이 아
니다. 다만 부당하게 거래할 필요가 없다는 뜻이다. 뭔
가를 거저 얻을 필요는 없지만, 누구에게든 받는 것보
다 더 많이 주는 것은 괜찮다.

　항상 상대에게 받은 금전 가치보다 더 큰 돈을 줄
수는 없겠지만, 상대에게서 받는 금전 가치보다 더 큰
이용 가치를 줄 수는 있다. 이 책에 들어간 종이와 잉
크 같은 재료값은 당신이 지불한 돈보다 금전 가치가
적겠지만, 여기에 제시된 생각으로 돈을 많이 벌게 된

다면 이 책을 판 사람은 당신에게 적은 금액으로 큰 이용 가치를 준 셈이다.

내게 위대한 화가의 작품이 있고, 이것이 문명화된 사회에서 상당한 가치가 있다고 가정해보자. 내가 배핀만*에 이 작품을 가져가서 뛰어난 판매 수완으로 그곳의 에스키모에게 상당한 금액의 모피를 받고 그 작품을 준다면, 그 주민에게 그림이 아무런 쓸모도 없으므로 나는 그를 농락한 셈이다. 그 작품은 그 사람에게 아무런 이용 가치가 없고 그의 삶에 별 보탬이 되지 않는다.

그러나 내가 모피를 받은 대신 그 값어치의 10분의 1에 해당하는 금액의 총을 주었다고 가정해보자. 그렇다면 이것은 훌륭한 거래다. 총은 그에게 쓸모가 있다. 총이 있으면 모피와 식량을 더 많이 구할 수 있다. 이것은 모든 면에서 그의 삶에 보탬이 된다. 총은 그에게

---

* 배핀만Baffin Bay: 캐나다 북동부 베핀섬 동부와 그린란드 서부 사이에 있는 큰 만

부를 가져다줄 수 있다.

경쟁 차원에서 창조의 차원으로 올라설 때, 당신은 사업상의 거래를 면밀히 검토해서 고객에게 받은 대가보다 더 큰 이득을 주지 못하는 것을 판매하고 있다면 이를 중단할 수 있다. 당신은 사업을 하면서 다른 누군가를 물리치지 않아도 된다. 사람들을 물리치는 일에 종사하고 있다면, 당장 그만두기 바란다.

당신이 금전 가치로 받는 것보다 더 큰 이용 가치를 상대에게 돌려주라. 그러면 거래할 때마다 세상에 보탬을 주는 것이다.

당신에게 직원이 있다면, 그들에게 지급하는 임금보다 더 큰 금전 가치를 그들에게서 끌어내야 하겠지만, '발전'을 사업 원칙으로 삼아 어떤 직원이든 조금씩 발전하게 할 수 있다. 당신이 이 책을 읽고 성장하는 데 도움을 받듯이, 당신 직원도 당신 사업에 동참함으로써 발전하게 하라. 당신은 사업을 일종의 사다리로 만들어, 거기에 오르는 수고를 감내하는 사람이 부유해지도록 지휘할 수 있다. 만일 기회를 주었는데도 그가 사다리를 오르려 하지 않는다면 그것은 당신 잘못이 아니다.

마지막으로 하나 더, 무형의 원소에서 부를 만들어낼 것이라고 해서 아무것도 없는 곳에서 바라는 것이 생기거나 눈앞에 나타나거나 하지는 않을 것이다.

예컨대 당신이 재봉틀을 갖고 싶다면, 방에 재봉틀이 나타날 때까지 아무것도 하지 않고 무형의 원소에 재봉틀의 이미지를 각인하라는 말이 아니다. 재봉틀을 원한다면, 마음속으로 그것을 그리면서 재봉틀이 만들어지고 있거나 자신에게 오는 중이라고 확신하라. 일단 생각을 전달한 뒤에는 재봉틀이 오고 있다고 절대적으로 믿어야 한다.

반드시 온다는 생각이 아니면 결코 생각하지도 말고 말하지도 마라. 이미 자신의 것이라고 생각하라. 그러면 모든 사람의 마음에 작용하는 무형의 원소가 당신에게 재봉틀을 보내줄 것이다. 당신이 뉴욕에 산다면, 텍사스나 일본에서 누군가 거래를 제시해 당신이 원하는 것을 갖게 될 수도 있다. 이렇게 된다면 그 거래는 당신에게 이득이 되는 만큼 그 사람에게도 이득이 될 것이다.

생각하는 원소가 모든 이의 내면에 존재하고 모두와 교감하며 모두에게 영향을 미칠 수 있다는 사실을 잠시라도 잊지 마라. 무형의 원소가 생명이 증가하고 삶이 윤택해지기를 바랐기 때문에 수많은 재봉틀이 이미 생겨났듯이, 같은 이유로 수백만 개가 더 생길 수도 있다. 사람들이 바라고 믿고 특정한 방식으로 행동하기만 한다면 실제로 그렇게 될 것이다.

당신은 분명히 재봉틀을 얻을 수 있고, 당신 자신과 다른 사람의 삶을 나아지게 하는 데 활용할 것이라면 무엇이든 확실히 얻을 수 있다.

큰 것을 바라는 데 주저할 필요는 없다. 성경에도 기록되어 있다.

"너희 아버지께서 그 나라를 너희에게 주시기를 기

뻐하시느니라."

예수의 말씀이다.

근본 원소는 당신이 가능한 모든 것을 영위하기를 바라고, 당신이 가장 풍요로운 삶을 영위하는 데 필요한 것을 모두 갖기를 바란다.

부유해지려는 당신의 바람이 지고의 존재의 바람과 일치한다는 사실에 생각을 고정한다면, 흔들리지 않고 믿게 될 것이다.

언젠가 나는 한 작은 소년이 피아노 앞에 앉아 멋지게 연주하려다가 잘되지 않아 속상해하는 모습을 본 적이 있다. 소년은 피아노를 제대로 연주하지 못하는 자신의 무능함에 슬프고 속이 상해 있었다. 내가 소년에게 속상해하는 이유를 묻자 소년은 대답했다.

"제 안에서 음악이 느껴지는데 손가락이 뜻대로 움직이질 않아서요."

소년의 안에 있던 음악은 근본 원소의 의지에서 비

롯되었다. 온갖 다양한 음악이 소년을 통해 표현되려고 했던 것이다.

근본 원소, 즉 조물주는 인류를 통해서 살고, 행동하고, 즐기려 한다. 그는 말한다.

"경이로운 건축물을 짓고, 거룩한 음악을 연주하고, 영광스러운 그림을 그릴 손을 원하노라. 대신 움직여줄 다리와, 아름다움을 볼 눈과, 거룩한 진리를 말하고 놀라운 노래를 부를 입을 원하노라."

가능성이 있는 모든 것이 인간을 통해 드러나려고 한다. 조물주는 음악을 연주할 수 있는 사람에게 피아노나 다른 악기가 생기기를 바라고, 그들이 재능을 최대한으로 계발하도록 필요한 수단을 얻기를 바란다. 그는 아름다움을 음미할 줄 아는 사람이 아름다운 것 가까이에 있기를 바란다. 진실을 알아볼 수 있는 사람에게 여행하고 관찰할 기회가 돌아가기를 바란다. 옷을 보는 안목이 있는 사람이 아름다운 옷을 입고, 훌륭한 음식을 즐길 줄 아는 사람이 호화로운 음식을 먹기를 바란다.

조물주가 이 모든 것을 바라는 이유는 그것을 즐기고 음미하는 주체가 바로 조물주 자신이기 때문이다. 연주하고, 노래하고, 아름다움을 즐기고, 진리를 찬양하고, 멋진 옷을 입고, 훌륭한 음식을 먹기를 바라는 것은 바로 조물주이다.

"너희 안에서 행하시는 이는 하느님이시니 너희로 소원을 두고 행하게 하시나니."

사도 바울의 말이다.

부유해지고 싶은 바람이 있다는 것은 조물주가 피아노 치는 작은 소년을 통해서 표현되고자 하는 것처럼 우리 안에서도 표현되기를 바라기 때문에 생기는 것이다. 그러니 주저하지 말고 크게 요청하라. 우리 역할은 신의 바람을 특정 대상으로 초점을 좁혀서 실현하는 일이다.

사람들은 대개 이 점을 어려워한다. 빈곤과 희생이

조물주를 기쁘게 한다는 낡은 관념에 매달려 있다. 그들은 빈곤이 자연의 필수 요소로서 조물주가 계획한 바의 일부라고 생각한다. 신이 할 일을 끝냈고 만들 수 있는 것을 모두 만들었다고, 공급이 충분하지 않으니 대다수가 가난하게 지내야 한다고 여긴다. 이런 잘못된 생각에 매달려서 부유해지고 싶다고 요청하기를 부끄러워한다. 사람들은 그저 적당히 편안할 정도면 된다고 보고, 지극히 수수한 정도가 넘는 재산은 바라지 않으려고 한다.

바라는 바를 마음속에 명확한 그림으로 그려야만 무형의 원소에 그 형상이 각인된다는 이야기를 들은 한 학생의 이야기를 들려주겠다.

당시 그는 매우 가난해서 임대 주택에 살면서 하루 벌어 하루를 연명하고 있었고, 자신에게 막대한 부가 내재되어 있다는 사실을 이해하지 못했다.

그래서 생각 끝에, 그는 방바닥에 깔 새 융단과 추

운 계절에 집을 따뜻하게 해줄 난로 정도면 요청해도 무리가 없으리라 생각했다. 이 책에 나온 지침을 따랐던 그는 몇 달 뒤에 원하는 것을 얻었다.

그러자 더 요청했으면 좋았을 텐데, 하는 생각이 떠올랐다.

그는 집 안 전체를 두루 보면서 나아지면 좋겠다고 생각하는 것들을 모두 정리했다. 마음속으로 여기에 좋은 창을 달고 저기에 방을 만들면서 꿈에 그리던 집이 될 때까지 상상했고, 그런 뒤 마음속으로 가구도 배치해보았다.

그림 전체를 마음에 간직한 채, 그는 부자의 방식으로 살면서 원하는 바를 향해 움직이기 시작했다. 그리고 이제는 세 들어 살던 집을 소유하게 되었고, 마음속의 그림을 따라 집을 다시 짓고 있다. 믿음이 더 커졌으니 앞으로 더 큰 것들을 얻게 될 것이다.

그는 믿은 만큼 받았다. 이것은 당신도, 다른 사람도 마찬가지다.

『부의 비밀』을 더 깊이 이해하기 위한 질문들

1. 이용 가치와 금전 가치의 차이를 설명하고, 상대에게 도둑질을 하지 않고도 이윤을 거두는 방법을 말하라.

2. 당신이 회사 소유주로서 직원을 고용하고 있다면, 임금 체계의 부당함을 보상하기 위해 할 수 있는 일은 무엇인가?

3. 생각으로 사물이 아무것도 없는 곳에서 저절로 나타나게 할 수 있는가? 창조가 일어나게 하려면 어떻게 해야 하는가? 과정을 설명하라.

4. 더 받을 수 있는데도 수수한 정도의 재산을 바라지 않으면 잘못인가?

7

감사의 법칙

; 지고의 존재에 감사하고 찬양하라

앞장에서 당신은 부유해지는 첫 단계가 '원하는 바를 무형의 원소에 각인하기'라는 사실을 알게 되었다. 이제 그것을 이루려면 무형의 원소와 반드시 조화를 이뤄야 한다는 사실을 살펴보자.

무형의 원소와 조화로운 관계를 맺는 일이 그 무엇보다 중요하므로, 나는 이곳에 지면을 할애하여 그 지침을 언급할 생각이다. 그 지침을 따르면 당신은 지고의 힘, 곧 조물주와 완전히 한마음이 될 것이다.

마음을 바로잡고 신과 조화로워지는 전 과정은 한

단어로 요약할 수 있다. 바로 '감사하기'이다.

첫째로 모든 것을 만들어내는 근본 물질인 지혜로운 원소가 존재함을 믿고, 둘째로 당신이 바라는 모든 것을 그 원소가 가져다준다고 믿은 후, 셋째로 깊이 감사하여 그 원소에 연결된다.

다른 모든 면에서 올바르게 살아가면서도 감사하지 않아서 가난하게 살아가는 사람들이 많다. 이들은 조물주에게 선물을 하나 받고 나서 조물주와 자신을 연결하는 선을 잘라버리고 만 것이다. 감사하지 않았기 때문이다.

부의 근원과 가까이 살수록 더 많이 받게 된다는 점은 쉽게 이해할 수 있을 것이다. 마찬가지로 늘 감사하는 사람이 결코 감사할 줄 모르는 사람보다 조물주에게 더 가까워질 것이라는 점도 쉽게 이해가 될 것이다. 좋은 것이 찾아올 때 지고의 존재에게 감사하면 할수록, 좋은 것들이 더 많이 더 빨리 다가온다. 이렇게되는 이유는 감사하는 태도가 우리 마음을 축복의 근원과 더 가까워지게 해주기 때문이다.

감사하면 마음이 우주의 창조 에너지와 더 조화를 이룬다는 점이 이해가 안 된다면, 곰곰이 생각해보라. 그러면 그것이 참이라는 것을 알게 될 것이다. 이미 당신에게 온 좋은 것들은 특정 법칙에 따른 대가로 온 것이다. '감사하기'는 좋은 것이 다가오는 길로 마음을 인도할 것이고, 창조적인 생각과 더욱 조화를 이루게 하며, 경쟁의식에 빠지지 않도록 보호해줄 것이다.

오직 감사만이 전체를 바라보도록 해주고, 공급이 제한되어 있다고 생각하는 오류를 범하지 않게 해준다. 이런 생각은 소망이 실현되는 데 핵심적이다.

세상에는 '감사의 법칙'이라는 것이 존재하는데, 원하는 결과를 얻으려면 반드시 그 법칙을 따라야 한다. 감사의 법칙이란 '작용과 반작용이 언제나 동일한 힘으로, 서로 정반대 방향으로 작용한다'는 자연의 원리이다.

우리가 마음을 내어 지고의 존재에게 감사하고 찬양하면 그로써 어떤 힘이 작용하게 된다. 그 힘은 목표한 곳인 지고의 존재에 다다르지 않을 수 없고, 그 반작용으로 '즉시 우리를 향해 움직이기' 시작한다.

감사하는 마음이 강하고 지속적이라면 무형의 원소가 보내는 반작용도 강하고 지속적일 테고, 따라서 당신이 바라는 것이 늘 당신을 향해 움직일 것이다. 예수가 항상 "아버지, 저의 말을 들어주셔서 감사드리옵니다"라고 말하면서 감사하는 마음가짐을 보여주었다는 사실에 주목하라. 감사하지 않으면 큰 힘을 발휘할 수가 없다. 힘과 연결되게 해주는 것이 바로 '감사하는 태도'이기 때문이다.

감사하는 마음의 값어치는 단지 앞으로 축복을 더 많이 받게 된다는 데서 그치지 않는다. 감사하지 않으면 얼마 지나지 않아 있는 그대로의 상황에 불만스러워질 것이다.

있는 그대로의 상황에 불평하도록 마음을 느슨하

게 풀어주는 순간, 우리는 설 땅을 잃어버린다. 일상적이고, 평범하고, 가난하고, 비참하고, 초라한 것에 관심을 쏟으면 그런 것들을 마음에 그리게 된다. 그러면 이런 것들이 무형의 원소에 전달된다. 그리하여 일상적이고, 평범하고, 가난하고, 비참하고, 초라한 것이 우리에게 올 것이다.

열등한 것을 계속 생각하도록 마음의 고삐를 풀어주면, 열등한 것들에 둘러싸이고 결국 열등해진다. 반대로, 최고의 것에 마음을 집중하면 최고의 것들에 둘러싸이게 되고 최고의 존재가 된다. 내면의 창조력은 우리가 주의를 기울이는 형상대로 우리를 만든다. 우리 역시 생각하는 원소이며, 생각하는 원소는 언제나 생각하는 모습대로 변하기 때문이다.

감사하는 마음가짐은 늘 최고의 상태에 고정되어 있고, 따라서 최고가 되는 경향을 보인다. 그리하여 최고의 모습과 성품을 따라가고 최고의 것을 받을 수 있게 한다.

또 믿음은 감사하는 마음에서 생긴다. 감사하는 마음은 끊임없이 좋은 것을 기대하게 하고, 기대는 믿음이 된다. 감사하면 그 반작용이 마음에 일어나 믿음이 생긴다. 감사함의 물결이 바깥으로 퍼져 나갈 때마다 믿음이 증가한다. 감사할 줄 모르는 사람은 오랫동안 '살아 있는' 믿음을 지킬 수 없고, 살아 있는 믿음 없이는 창조적인 방법으로 부자가 될 수 없다. 여기에 대해서는 앞으로 더 알아보기로 하자.

그러므로 자신에게 찾아오는 좋은 일에 항상 감사하는 습관을 들이고, 쉬지 않고 감사해야 한다. 사실 우리가 나아지는 데 기여하지 않는 것이란 없는 법이니 세상 모든 것에 감사해야 한다.

재벌이나 거물들의 단점이나 잘못된 행동을 탓하거나 생각하는 데 시간을 허비하지 마라. 그들이 세상을 지금처럼 만들었기에 당신에게 기회가 생겼다. 당신이 얻는 것은 모두 그 기회 덕분에 오는 셈이다. 부패한 정치인을 보고 분개하지 마라. 정치인이 없었다

면 무정부 상태가 되어 당신이 누릴 기회도 크게 줄어
들었을 것이다.

조물주는 매우 오랜 시간 인내하면서 우리가 현재
와 같은 산업과 정부 체계를 갖추도록 안배했고, 지금
도 그 일을 계속하고 있다. 재벌과 대기업, 산업계의
지도자들과 정치인들은 때가 되면 사라질 것이다. 그
러나 그때까지는 그들도 유용하다는 점을 이해하라.
그들이 모두 당신에게 부富를 전해주는 전송관 역할
을 하고 있다는 사실을 명심하고, 그들에게 감사하라.
이렇게 하면 만물에 깃든 선善과 조화를 이루게 될 것
이고, 그리하여 만물에 깃든 선이 당신에게 다가올 것
이다.

『부의 비밀』을 더 깊이 이해하기 위한 질문들

1. 신(지고의 존재)과 관계를 맺는 세 단계는 무엇인가?

2. 감사하면 신과 가까워지는 까닭을 설명하라.

3. 작용과 반작용의 법칙이 어떻게 작용하는지 설명하라.

4. 최고의 것에 마음을 집중해야 하는 까닭은 무엇인가?

5. 감사와 믿음의 관계를 설명하라.

6. 모든 것에 감사해야 하는 이유는 무엇인가?

8

부자의 방식

; 마음속에 원하는 것을 그리고 믿음과 결의를 놓치지 마라

6장으로 되돌아가서 마음속으로 집을 상상한 학생의 이야기를 다시 읽어보라. 그러면 부자가 되는 첫 단계를 어느 정도 파악할 수 있을 것이다. 당신은 반드시 원하는 바를 명확하고 분명하게 마음속으로 그려야 한다. 우선 마음에 그림이 있어야 그것을 전달할 수 있다.

먼저 그려야 받을 수 있는 법인데, 사람들은 자신이 하고 싶고, 갖고 싶고, 되고 싶은 것이 무엇인지 모호하고 막연하게만 생각하기 때문에 생각하는 원소에 자신의 소망을 각인하지 못한다.

‘좋은 일’을 하려고 부자가 되겠다는 일반적인 바람만으로는 충분하지 않다. 그런 바람은 누구에게나 있다. 여행하고, 관광하고, 잘살겠다는 바람으로도 충분하지 않다. 그런 바람 역시 누구에게나 있다.

친구에게 편지를 보낼 때 알파벳을 순서대로 나열해 보내고는 친구에게 스스로 말을 만들어서 읽으라고 하거나, 사전에서 내키는 대로 단어를 골라 적은 뒤 보내지는 않을 것이다. 조리 있는 문장, 의미가 있는 문장을 만들어 보낼 것이다.

생각하는 원소에 소망을 전달할 때도 조리 있는 문구로 해야 한다는 점을 명심하라. 당신은 원하는 바를 구체적이고 분명하게 알아야 한다. 엉성한 바람이나 모호한 소망을 전달하는 것으로는 결코 창조적인 힘을 발휘할 수도, 부자가 될 수도 없다.

6장에서 집을 구상한 일화로 언급한 학생처럼 당신이 원하는 바를 하나하나 짚어보라. 마음속에서 원하는 것을 떠올리고, 그것이 자기에게 왔을 때 어떤 모습이기를 바라는지 명확하게 그려라.

그 명확한 마음의 그림을 계속 마음에 간직해야 한다. 항해사가 항해를 할 때 어떤 항구로 향할지 미리 정해두듯이, 당신 얼굴도 항상 그 그림을 향해 있어야 한다. 키잡이가 나침반을 예의 주시하는 것처럼 그 그림을 놓치지 않아야 한다.

집중하는 연습을 따로 하거나, 특별히 시간을 정해서 기도하거나, 명상에 잠기거나, 초자연적인 묘기를 선보일 필요는 없다. 이것들은 좋은 일이지만 당신은 그저 자신이 무엇을 원하는지 알고 그것을 강하게 염원해서 마음에 새겨두면 된다.

여가 시간에는 마음의 그림을 생각하는 일에 시간을 가능한 많이 할애하라. 하지만 진실로 원하는 것이라면 그것에 마음을 집중하려고 훈련할 필요는 없을 것이다. 진정으로 원하지 않는 대상에나 의식을 집중하려고 애써야 하는 법이다.

진정으로 부자가 되려는 욕망이 강력해서 나침반

바늘이 계속 한곳을 가리키듯 마음이 '부자가 되겠다는 생각'에 고정될 정도가 되지 않는다면, 이 책에 쓰인 지침을 실행하려고 노력해도 거의 쓸모가 없을 것이다.

여기에 기록된 방법은 부자가 되려는 욕망이 충분히 강력해서 게으름이나 편안함을 좋아하는 마음을 극복하고 행동할 정도가 되는 사람을 위한 것이다.

명확하고 분명하게 그림을 그릴수록, 그 생각에 몰두하여 세부적이고 유쾌한 사항들을 상상하면 할수록 욕망도 강해질 것이다. 욕망이 강해질수록 그림에 마음을 고정하기도 더욱 쉬워질 것이다.

그러나 단지 그림을 명확히 그리는 것 말고도 해야 할 일이 있다. 거기서 그친다면 그저 몽상가에 머물 뿐, 성취할 힘은 거의 없을 것이다. 명확한 비전 뒤에는 반드시 그것을 실현하려는 결의, 즉 눈에 보이는 형상으로 만들어내려는 의지가 필요하다. 그리고 이러한 의지 뒤에는 그것이 이미 자신의 것이라는 믿음, 그것이 손안에 있어서 단지 움켜쥐기만 하면 된다는 흔들리지 않는 믿음이 필요하다.

새 집에 사는 모습을 상상하라. 그것이 실체가 되어 눈앞에 나타날 때까지, 원하는 것을 마음껏 즐기는 상태를 마음으로 그리라.

"너희가 기도할 때에 무엇이든지 믿고 구하는 것은 다 받으리라."

예수의 말씀이다.

바라는 것이 실제로 항상 주변에 있는 것처럼 생각하라. 그것을 얻어서 사용하는 모습을 떠올려라. 실제로 그것을 얻게 되었을 때 사용하듯이 상상 속에서도 사용해보라.

분명하고 명확해질 때까지 마음의 그림을 그린 뒤에는 그 그림에 있는 것이 모두 자기 것이라고 생각하라. 마음으로 그것이 100퍼센트 자기 것이라고 믿으면서 그것을 취하라. 자기 것이라는 생각을 놓지 마라.

그것이 현실이라는 믿음이 한순간이라도 흔들리지 않게 하라.

그리고 감사에 대해 앞장에서 서술했던 바를 기억하라. 그것이 실현되었을 때 감사하리라 짐작하는 만큼 언제나 감사하라. 아직 상상으로만 얻은 것을 놓고 진실로 신에게 감사할 줄 아는 이가 진정으로 믿는 사람이다. 그는 부자가 될 것이다. 원하는 것이 모두 창조되게 할 것이다.

원하는 것을 반복해서 기도할 필요는 없다. 매일 신에게 말할 필요는 없는 것이다. 우리는 더 나은 삶을 영위하는 데 필요한 소망을 현명하게 결정하고, 여러 소망들이 통일성 있는 전체가 되게 조정한 뒤에, 그것을 무형의 원소에 각인하면 된다. 무형의 원소는 우리가 원하는 바를 이루어줄 힘과 이루어주려는 의지가 있다.

각인은 일련의 문구를 반복해 말한다고 해서 되는 것이 아니다. 원하는 것을 얻겠다는 흔들리지 않는 결의와 실제로 얻을 것이라는 굳은 믿음으로 비전을 간직해야 각인이 된다.

원하는 것을 입으로 말할 때가 아니라 원하는 것을 얻으려고 '행동할 때'의 믿음에 따라 기도의 응답도 달라진다.

우리는 특별한 안식일을 정해서 그날 신에게 원하는 바를 말하고 나머지 날에는 신을 잊어버리면서 소원이 이루어지기를 바라서는 안 된다. 골방에 들어가 기도할 시간을 정해두고, 다시 기도하기 전까지는 잊어버리면서 신이 응답하기를 바라서도 안 된다.

비전을 명확히 하고 믿음을 강화하는 데는 말로 기도하는 것도 효과가 있겠지만, 입으로 청원하는 것만으로는 원하는 바를 얻지 못한다. 부자가 되려면 '기분 좋은 기도 시간'이 아니라 '멈추지 않는 기도'가 필요하다.

여기서 기도라는 표현은 흔들리지 않는 비전과, 비전이 실체로서 창조되게 하겠다는 결의와, 그렇게 될 것이라는 믿음을 뜻한다.

　"믿으라, 그리하면 받으리라."

　일단 비전을 명확하게 형성했다면 나머지는 '받는 것'의 문제다. 비전을 명확하게 만든 뒤에는 지고의 존재에게 기도로 표현하는 편이 좋다. 그 순간부터 반드시 당신이 요청한 것을 마음으로 받아야 한다.

　마음속으로 그린 새 집에 살고, 좋은 옷을 입고, 자동차를 타고, 여행을 떠나며, 자신 있게 더 멋진 여정을 계획하라. 요청한 모든 것을 실제로 얻은 듯 생각하고 말하라. 바라는 그대로의 환경과 재정 상태를 상상하고, 실제로 그렇게 될 때까지 마음속으로 그린 환경과 재정 상태로 살라.

　하지만 주의하라. 단순한 망상가나 공상가가 되라는 의미가 아니다. 상상이 현실이 되고 있다는 믿음과, 그것을 실현하겠다는 결의를 놓치지 마라. 공상가와 과학자를 구분하는 차이는 바로 상상할 때의 결의와 믿음이다.

이 사실을 배웠으니, 이제 의지를 적절하게 사용하는 법을 배울 차례이다.

『부의 비밀』을 더 깊이 이해하기 위한 질문들

1. 생각하는 원소에 소망을 각인하는 데 가장 중요한 것은 무엇인가?

2. 상상력을 과학적으로 활용하는 사람과 몽상가의 차이점은 무엇인가?

3. 상상력을 과학적으로 활용하는 것이 무엇을 뜻하는지 자신의 생각을 이야기하라.

4. 당신은 믿음과 결의를 잘 유지하고 있는가?

9

의지를 사용하는 방법

; 마음이 올바르게 작용하는 데 의지를 써라

과학적인 방식으로 부자가 되려면, 자신 이외에는 다른 어떤 대상에도 의지력을 사용하지 말아야 한다. 어차피 그렇게 할 권리도 없다. 자신의 의지를 다른 사람에게 강요하여 자신이 바라는 대로 하게 만드는 일은 옳지 않다.

정신의 힘으로 사람을 강압하는 것은 육체의 힘으로 사람을 부리는 것과 마찬가지로 명백한 잘못이다. 육체의 힘으로 사람들을 강요해 자신의 뜻대로 만드는 것이 그들을 노예로 취급하는 행위라면, 정신의 힘으로 강요하는 일도 마찬가지다. 육체의 힘으로 남의 것을 빼앗는 일이 절도라면, 정신의 힘으로 빼앗는 것도 절도다. 그 근본은 동일하다.

우리는 다른 사람에게 의지력을 사용할 권리가 없고, 이것은 그 이유가 '그 사람을 위해서'인 경우에도 다를 것이 없다. 그 사람에게 이로운 것이 무엇인지 알 수 없기 때문이다.

부자가 되는 과학에서는 다른 사람에게 어떤 방식으로도 힘을 사용할 필요가 없다. 또 그렇게 할 이유도 전혀 없다. 도리어 다른 사람에게 의지를 사용하려고 하면 자기 목표만 좌절될 뿐이다.

어떤 사물이 당신에게 오게 하려고 그것에 의지를 적용할 필요도 없다. 이는 조물주를 강요하려는 행위에 불과하므로 불경할 뿐 아니라 어리석고 쓸모없는 짓이다. 태양이 뜨게 하려고 의지력을 사용할 필요가 없듯이, 조물주에게 좋은 것을 달라고 강요할 필요도 없다. 적대적인 신을 정복하려고 의지력을 사용할 필요도, 고집스럽게 저항하는 힘을 뜻대로 부리려고 의지력을 사용할 필요도 없다. 무한한 원소는 우리에게 우호적이고, 우리가 얻으려 하는 것보다 더 간절히 우리에게 주고 싶어 한다.

부자가 되려면, 자신에게만 의지력을 사용하면 된다. 무엇을 생각하고 무엇을 해야 하는지 알면, 의지를 사용해서 적절한 것을 생각하고 적절한 일을 하도록 자신을 다스려야 한다. 바로 이것이 소원을 이루려고 의지를 사용하는 타당한 방법이다. 자신이 올바른 길로 가도록 붙잡아주는 것이다. 의지력을 써서 계속 부자의 방식으로 생각하고 행동하라.

의지나 생각, 마음을 우주에 투영하여 그것으로 사물이나 사람을 조종하려고 애쓰지 마라.

마음을 편히 먹으라. 그럴 때 가장 많이 성취할 수 있다.

마음은 원하는 바를 상상하고 믿음과 결의로 비전을 유지하는 데 사용하고, 의지는 마음이 계속 올바르게 작용하게 하는 데 쓰라.

믿음과 결의가 안정되고 지속적일수록 더 빨리 부자가 될 것이다. 그러면 오직 긍정적인 생각만이 무형의 원소에 전달되고, 이를 부정적인 인상으로 상쇄하거나 없애지 않을 것이기 때문이다.

믿음과 결의로 마음에 간직한 그림은 무형의 원소에 닿아 전 우주로 넓게 퍼져 나간다. 그림이 우주로 퍼져 나가면서, 모든 것이 그림을 실현하는 방향으로 움직인다. 모든 생물, 무생물, 그리고 아직 창조되지 않은 것들이 당신의 소망을 이루어주는 방향으로 움직인다. 온갖 힘이 그 방향으로 작용하기 시작한다. 모든 것이 당신을 향해 움직이기 시작한다. 곳곳에 있는 사람들이 영향을 받아 당신의 소망을 성취하는 데 필요한 일을 하게 되고, 무의식적으로 당신을 위해 일하게 된다.

그러나 무형의 원소에 부정적인 인상을 전달하면 이런 흐름이 중단될 수 있다. 믿음과 결의가 당신을 향한 흐름을 만들어냈듯이, 의심이나 불신은 분명 흐름이 당신에게서 멀어지게 할 것이다. 이 방식으로 부자가 되려는 사람들이 대부분 실패하는 이유가 바로 이 점을 이해하지 못하기 때문이다. 의심과 두려움에 주의를 기울일 때마다, 걱정하느라 시간을 보낼 때마다, 영혼이 불신에 사로잡힐 때마다 당신은 지혜로운 원소와 모든 면에서 멀어지게 된다. 약속한 것들은 모두 믿는 자, 오직 믿는 자만 받는 법이다.

믿음이 무엇보다 중요하므로 우리는 생각에 주의해야 하고, 관찰하고 생각하는 것에 따라 믿음이 크게 좌우되기 때문에 어디에 주의를 기울일지 신중히 결정해야 한다.

바로 이 부분에서 의지가 필요하다. 어디에 주의를 기울일지 결정하는 것이 바로 의지이기 때문이다.

부자가 되고 싶다면, 가난에 관해 연구해서는 안 된다. 원하는 것과 반대되는 것을 생각하면 원하는 것은 오지 않는 법이다. 건강은 질병을 연구하고 생각해서는 결코 얻을 수 없고, 의로움은 죄악을 연구하고 생각해서는 결코 전파될 수 없다. 이와 마찬가지로, 가난을 연구하고 생각하면서 부자가 될 수는 없다.

질병을 연구하는 과학인 의학은 질병의 수를 늘렸고, 죄악을 연구하는 학문인 종교는 죄악을 조장했으며, 빈곤을 연구하는 학문인 경제학은 비참과 결핍을 세상에 퍼뜨렸다.

가난에 관해 말하지도, 가난에 관해 조사하지도, 가난에 관심을 기울이지도 마라. 그 원인이 무엇인지 상관하지 마라. 당신과는 무관한 일이다. 당신에게 중요한 것은 그 해결책이다.

이른바 자선 사업이나 자선 운동에 시간을 쏟지 마라. 자선 사업은 대개 가난을 없애기 위한 행동이지만 도리어 퍼뜨리게 되기 쉽다. 이것은 냉혹해져야 한다거나, 매정해져야 한다거나, 부족한 이의 외침을 거부해야 한다는 뜻이 아니라 진부한 방식으로 빈곤을 없애려고 하지 말라는 뜻이다. 빈곤은 제쳐두고, 그와 관

련된 것도 모두 제쳐두고 우선 '성공하라.'

부자가 되어라. 그것이 가난한 이를 도울 수 있는 최고의 길이다.

가난을, 그리고 가난에서 비롯되는 고난을 마음에 그리면 부자가 되게 해줄 그림을 마음에 유지할 수 없다. 빈민 주택에 사는 주민들의 비참함, 미성년 노동의 끔찍함 등을 이야기하는 책이나 논문은 읽지 마라. 부족과 고통이라는 암울한 그림이 마음에 들어가게 하는 것은 무엇이든 읽지 마라. 이런 것을 알아도 가난한 사람을 돕는 데 전혀 도움이 되지 않고, 실제로 그에 대해 널리 보급된 지식도 빈곤을 전혀 없애지 못하는 형편이다.

가난을 없애려면 자기 마음속에 가난을 그릴 것이 아니라 부유함과 풍요로움과 가능성이라는 그림이 가난한 이들의 마음에 들어가게 해야 한다.

가난한 자의 비극을 마음으로 그리거나 간직하지 않는다고 그들을 비극에 빠진 채로 내버려두는 것이 아니다. 가난을 없애려면, 가난에 대해 생각하는 유복한 사람 수를 늘릴 것이 아니라 부자가 되기로 결심하는 가난한 사람 수를 늘려야 한다.

가난한 사람에게는 자선이 아니라 영감이 필요하다. 자선은 그들을 비참함 속에 그대로 두면서 끼니를 연명할 빵을 몇 조각 주거나, 그들을 한두 시간 정도 즐겁게 해줘서 비참함을 잠시 잊게 해줄 뿐이다. 그러나 영감은 이들이 비극에서 벗어날 계기가 될 수 있다.

가난한 이를 돕고 싶다면 그들이 부자가 될 수 있음을 보여주라. 당신 스스로 부유해져서 이를 증명하라. 가난이 세상에서 완전히 사라질 유일한 길은 이 책의 지침을 실천하는 사람들이 점차로 늘어나 부자의 길을 찾게 하는 것이다.

사람은 경쟁이 아니라 창조로 부자가 되는 방법을 배워야 한다. 경쟁으로 부자가 되는 사람은 자신이 오른 사다리를 부숴버려서 남이 올라가지 못하게 막지만, 창조로 부자가 되는 사람은 수천 명이 따라갈 길을 열어주고, 그들에게도 그렇게 되라고 영감을 준다.

가난을 딱하게 여기고, 가난을 바라보고, 가난에 대해 읽고 생각하며, 가난에 대해 말하는 사람의 이야기를 듣지 않으려고 한다고 해서 무정하거나 감정이 메마른 것이 아니다. 의지의 힘을 사용하여 가난이라는 주제에서 관심을 끊고, 오로지 당신이 원하고 이미 창조하고 있는 '비전에 대한 믿음과 결의'에 관심을 집중하라.

『부의 비밀』을 더 깊이 이해하기 위한 질문들

1. 다른 사람에게 의지력을 사용할 권리가 없는 이유를 자기 나름의 방식으로 표현하라.

2. 의지력을 써서 사물이 자신에게 오게 할 수 있는가? 아니라면 왜 그런가?

3. 자신이 바라는 대로 생각하도록 마음을 다스릴 수 있는가? 아니라면 무엇 때문인가?

4. 긍정적인 생각과 부정적인 생각이 무형의 원소에 어떻게 각인되는지 설명하라.

5. 가난을 어떤 태도로 대해야 하는가?

10

의지를 사용하는 다른 방법

; 오로지 부에만 관심을 쏟으라

부유해지겠다는 분명한 비전을 진심으로 유지하려고
한다면 외부의 것이든 상상한 것이든 반대되는 그림에
주의를 기울여서는 안 된다.

　재정적으로 어려움을 겪은 적이 있더라도 그에 대
해 말하지 말고 생각하지도 마라. 부모의 빈곤이나 당
신의 불우했던 어린 시절에 대해서도 말하지 마라. 이
런 것을 말하는 동안 당신은 마음속으로 가난한 사람
이 되고, 따라서 당신에게 오는 움직임이 분명히 저지
될 것이다. 가난, 그리고 가난과 관련된 것은 모두 완
전히 제쳐두라.

우리는 특정한 우주의 법칙을 옳다고 받아들였고, 그것이 옳다는 데 희망을 전부 걸었다. 상반되는 이론에 주의를 기울여서 무엇을 얻겠는가?

세상이 곧 끝난다고 말하는 책을 읽지 말고, 세상이 악으로 달려간다고 말하는 염세적인 철학가의 글을 읽지 마라. 세상은 악을 향해서 가지 않고 조물주에게로 가고 있다. 세상은 경이로운 변화 과정이다.

물론 현재 상태에서 좋지 않은 것도 많이 존재한다는 점은 진실이지만, 그것들이 지나가고 있고 그것들을 연구해봐야 그것들이 더 오래 머물게 될 뿐이라면 연구한다고 무슨 득이 되겠는가? 왜 진화와 성장 과정에 따라 사라지는 것들에 시간과 관심을 낭비하는가? 그런 것들을 더 일찍 사라지게 하려면 자신의 역할에 충실하여 진화와 성장 과정을 촉진시키면 될 일이다.

특정 국가나 지역이나 장소에서 일어나는 상황이 아무리 끔찍하게 보이더라도 그것들을 생각하면 시간을 낭비하고 가능성을 망칠 뿐이다.

당신은 세상이 부유해지는 데 관심을 기울여야 한다. 세상이 벗어나려 하는 가난을 생각하지 말고 세상이 다가가고 있는 부를 생각하라. 세상이 부유해지도록 돕는 유일한 길은 '경쟁'이 아니라 '창조'로 부자가 되는 것이라는 점을 명심하라.

오로지 부에만 관심을 쏟으라. 가난에 신경 쓰지 마라. 가난한 사람에 대해 생각하거나 말할 때마다 그들이 '부자가 되어간다'고 생각하고, 딱하게 여길 사람이 아니라 '축하해줄 사람'이라고 여기며 말하라. 그러면 그들도 영감을 얻어서 가난에서 벗어날 길을 찾기 시작할 것이다.

내가 당신에게 생각과 시간과 마음을 오직 부유함에만 쏟으라고 했다고 해서 인색해지거나 야비해지라는 뜻은 아니다.

진정한 부는 다른 모든 것을 포용하므로 삶에서 이룰 수 있는 가장 고귀한 목표이다.

경쟁의 세계에서는 부자가 되려는 몸부림이 다른

사람을 짓밟고 올라서려는 사악한 쟁탈전이겠지만, 창조의 차원으로 올라서면 모든 것이 바뀐다. 위대함과 봉사와 고매한 노력으로 달성할 수 있는 것들도 모두 부자가 됨으로써 온다. 물질을 사용해야 이 모든 것을 해낼 수 있기 때문이다.

몸이 건강하지 않다면 건강해지는 데 경제적인 부가 필요하다는 점을 알게 될 것이다. 경제적인 걱정에서 자유로워 마음 편히 건강에 좋은 생활을 따를 방법이 있는 사람만 건강을 되찾고 유지할 수 있을 것이다.

도덕적·영적 고매함은 생존 경쟁이 불필요한 사람들에게나 가능한 일이다. 창조의 차원에서 부자가 되는 사람만이 경쟁이 정신에 끼치는 부정적인 영향에서 자유롭다. 가정의 행복을 중시하는 사람이라면 교양 있고, 사고방식이 고상하며, 사람을 타락시키는 영향이 없는 환경에서 사랑이 가장 잘 자란다는 점을 잊지 마라. 이런 특징은 갈등이나 경쟁이 없이 창조적인 생각으로 부를 일구었을 때만 얻을 수 있다.

반복해 말하건대 부자가 되는 일만큼 위대하고 고귀한 목표는 없다. 부유함을 나타내는 그림에 마음을 집중하고, 비전을 흐리게 하는 것은 모두 배제하라.

어떤 사람은 자신이 풍요롭게 살 수 있다는 사실을 몰라서 가난하게 사는데, 그 사실을 가장 잘 깨우쳐주는 방법은 당신 스스로 풍요로워지는 모습을 보여주는 것이다. 어떤 사람은 가난에서 빠져 나갈 길이 있음을 느끼면서도 정신적으로 너무 게으른 나머지 그 길을 찾고 걸어가지 않아서 가난하게 산다. 이런 이를 위해 할 수 있는 가장 좋은 일은 올바르게 부자가 될 때 느껴지는 행복을 보여주어 부자가 되려는 갈망을 일깨워주는 것이다.

또 어떤 이는 부자가 되는 방법을 어느 정도 알면서도 형이상학적이고 초자연적인 이론의 미궁에 빠지고 늪에 갇혀 어떤 길로 가야 할지 몰라서 가난하게 산다. 이런 사람은 여러 체계가 뒤섞인 방식을 적용해보지만 번번이 실패한다. 이런 사람에게도 가장 좋은 방법은 당신이 올바른 방법으로 부자가 되는 모습을 보여주는 것이다. 한 번의 실천이 백 가지 이론보다 나은 법이다.

온 세상을 위해 당신이 할 수 있는 가장 훌륭한 일은 자신을 최고로 계발하는 것이다. 가장 효과적으로 신과 인류에 봉사하려면 부자가 되어야 한다. 경쟁이 아닌 창조의 방식으로.

또 한 가지. 나는 이 책에서 부자가 되는 과학의 세부 원칙을 제공하겠다고 했고, 이것이 진실이라면 당신은 이에 관해 다른 이론을 찾거나 다른 책을 읽을 필요가 없다. 이 말이 편협하고 독선적이라고 느껴질지 모르지만, 생각해보라. 수학 계산에서 덧셈, 뺄셈, 곱셈, 나눗셈 이외에 다른 과학적인 계산법은 없다. 두 점을 최단거리로 잇는 직선은 하나뿐이다. 이렇듯 과학적으로 생각하는 법은 한 가지뿐이고, 그것은 가장 단순하고 직접적으로 목표에 이르도록 생각하는 것이다.

지금까지 누구도 이 책에서 제시한 것보다 더 간결하고 단순한 시스템을 제공하지 않았다. 이 책에서 제시한 시스템을 활용할 때 다른 것은 모두 제쳐두라. 마음에서 모조리 지워버리라.

이 책을 가지고 다니면서 매일 읽으라. 책을 암기하고, 다른 시스템이나 이론은 생각하지 마라. 그렇지 않으면 의심이 생기고 확신이 사라지며 생각이 흔들리기 시작해 결국은 실패하게 될 것이다. 성공해서 부자가 된 뒤에는 얼마든지 다른 체계를 공부해도 좋다.

뉴스 중에서도 아주 낙관적인 소식만 들으라. 당신의 비전과 조화를 이루는 소식들 말이다. 또 신비주의, 신지학, 심령술, 혹은 이와 유사한 불필요한 것들에 취미를 붙이지 마라. 죽은 자들이 실제로 살아서 우리 가까이에 있을지도 모르는 일이지만, 그렇다고 해도 그냥 내버려두라. 자기 일에만 신경 쓰라.

죽은 자의 혼이 어디에 있든 그들에게는 그들의 일

이 있고, 우리는 개입할 권리가 없다. 우리는 그들을 도울 수 없고 설령 그들이 우리를 도울 수 있다 해도 그들의 시간을 빼앗을 권리가 우리에게 있는지도 매우 의심스럽다. 죽은 자는 그들 세계에 있도록 내버려두고, 자신의 문제를 해결하라. 부자가 되라.

이런 내용과 앞서 언급한 내용을 정리하면 다음과 같은 기본 사실에 이르게 된다.

첫째, 만물이 창조되는 근본에는 무형의 근본 원소가 존재하는데, 이것은 우주 공간 전체에 스며들어 있다.

둘째, 이 원소에 생각이 깃들면 그 생각대로 사물이 창조된다.

셋째, 사람은 사물을 생각해낼 수 있고, 그 생각을 무형의 원소에 각인함으로써 생각하는 대상이 창조되게 할 수 있다.

넷째, 그러려면 경쟁의식에서 벗어나 창조 의식으

로 들어가야 한다. 원하는 바를 명확하게 마음속으로 그리고, 그것을 얻겠다는 '결의'와 흔들림 없는 '믿음'으로 마음속 그림을 유지해야 한다. 또 결의를 약하게 하거나 비전을 흐리거나 믿음을 없애는 것에는 철저하게 관심을 끊어야 한다.

이제는 부자가 되는 행동법을 배울 차례이다.

『부의 비밀』을 더 깊이 이해하기 위한 질문들

1. 과거에 겪은 어려운 일을 사람들에게 말해도 좋은가?

2. 의지를 써서 무엇에 관심을 기울이고 무엇에 관심을 기울이지 않아야 하는지 설명하라.

11

부자의 행동법

; 원하는 것을 얻으려면 반드시 지금 행동하라

생각은 창조하는 힘, 혹은 창조하는 힘을 움직이는 작
용력이다.

부자의 방식으로 생각하면 부유함이 다가오겠지
만, 생각에만 의존하고 행동에는 무관심해서는 안 된
다. 생각과 행동을 연결하지 못하는 것이야말로 다른
면에서는 과학적인 형이상학 사상가들이 좌초한 원인
이기도 하다.

우리는 아직까지 자연적인 발생 과정이나 인간의
손을 거치지 않고 무형의 원소에서 곧바로 창조할 수
있는 (이것이 가능하다고 가정하더라도) 발전의 단계에 이르지 못했다. 그러므로 사람은 생각만 해서는 안 되고, 행동으로도 생각을 뒷받침해야만 한다.

생각으로 우리는 깊은 산중의 금이 자신을 향하게 할 수는 있지만, 금이 스스로 캐내어져서 스스로 정제되고 금화로 변한 뒤에 우리 주머니에 굴러 들어올 리는 없다.

무한한 존재에서 나오는 추진력으로 상황이 안배되어 누군가 당신 대신 금을 캐낼 것이다. 그런 뒤 금이 당신에게 오는 방향으로 몇몇 사업 거래가 지휘될 것이다. 그러면 당신은 금이 올 때 받을 수 있도록 사업을 안배해야 한다. 우리의 생각은 모든 생물과 무생물로 하여금 우리가 바라는 바를 가져다주도록 할 테지만, 그것이 올 때 올바르게 받으려면 행동이 따라주어야 한다. 당신은 그것을 자선으로 받아서도 안 되고 강탈해서도 안 된다. 당신과 거래하는 이가 당신에게 주는 금전 가치보다 더 많은 이용 가치를 지불해야 한다.

생각을 과학적으로 활용하려면 원하는 바를 분명하고 명확하게 마음속으로 그려야 한다. 그것을 얻겠다는 결의를 굳게 하고, 감사하고 믿으면 그것을 실제로 얻는다는 사실을 깨달아야 한다. 생각을 신비적이거나 주술적인 방식으로 '투영해서' 원하는 바를 이루려 하면 안 된다. 이런 노력은 낭비이고, 이성적으로 생각하는 힘마저 약하게 만들어버린다.

부자가 되는 과정에서 생각의 작용에 관해서 우리는 이미 논의했다. 믿음과 결의로 무형의 원소에 비전을 각인하면, 이 비전이 온갖 창조력을 움직이게 한다. 단, 이것이 움직이는 방식은 일반적인 공급 수단을 활용하여 우리에게 오게 하는 것이다.

창조 과정을 감독하거나 지휘하는 것은 우리 역할이 아니다. 우리의 할 일은 비전을 간직하고, 결의를 굳게 하며, 믿음과 감사함을 유지하는 것이다.

그와 함께, 반드시 특정 방식으로 '행동'해야 한다. 바라는 것이 올 때 그것을 소유하고, 마음속 그림이 현실로 나타날 때 그것을 마중하며, 그것을 원하는 자리에 배치할 수 있도록 행동해야 한다.

이 말이 옳다는 것은 쉽게 알 수 있으리라. 뭔가가 당신에게 올 때는 이미 누군가의 손에 있을 것이고, 그 사람은 당신에게 그에 상응하는 뭔가를 요구할 것이다. 결국 당신은 그 사람에게 마땅히 줘야 할 것을 줘야만 당신에게 온 것을 마침내 얻을 수 있다.

당신의 주머니는 노력하지 않고도 항상 돈이 가득한 포르투나투스의 지갑*으로 변하지 않을 것이다.

부자가 되는 과학에서 핵심적인 부분은 생각과 행동이 결합되어야 한다는 사실이다. 의식적으로든 무의식적으로든 바라는 것을 꾸준하고 강하게 원함으로써 창조의 힘을 움직이게 해놓고서도 가난하게 살아가는 사람이 많다. 원하는 것이 올 때 받아들일 준비가 되어

---

* 포르투나투스의 지갑Fortunatus's purse : 독일 민중본 『포르투나투스Fortunatus』에 나오는 행운의 주머니

있지 않기 때문이다.

생각으로는 원하는 것을 자신에게 오게 할 수 있고, 행동으로는 그것을 받는다.

어떤 행동이 되었든, 분명한 것은 지금 행동해야 한다는 점이다. 사람은 과거로 돌아가 행동할 수 없고, 과거를 마음속에서 지워야 비전을 또렷하게 만들 수 있다. 또 사람은 아직 오지도 않은 미래에서 행동할 수도 없다. 더욱이 실제로 닥치기 전에는 장차 일어날 사건에 어떻게 행동하고 싶어질지 알 수도 없다.

현재 적합한 환경이나 직업에 있지 않다고 해서 그런 환경이나 직업으로 이동할 때까지 행동을 미뤄야겠다고 생각하지 마라. 또 앞날에 일어날지 어떨지 모르는 응급 상황을 처리할 좋은 방법에 대해 지금 생각하지도 마라. 단지 응급 상황이 닥치면 이겨낼 능력이 있다고 믿으라.

미래를 생각하면서 현재에 행동한다면 마음이 둘로 나뉘어 효율이 떨어지게 될 것이다. 현재의 행동에

온 마음을 쏟으라.

창조적인 소망을 근본 원소에 전달한 뒤 그저 앉아서 결과를 기다리지 마라. 그렇게 하면 결코 얻을 수 없다.

지금 행동하라.

시간은 지금뿐이고, 앞으로도 그럴 것이다. 원하는 것을 받을 수 있게 준비하려면, 바로 지금 시작해야 한다.

또 지금 가능한 행동은 무엇이 됐든 현재의 사업이나 직업에 관한 일일 것이고, 현재 주변에 있는 사물이나 사람과 연관될 것이다.

당신은 지금 있지 않은 곳에서 행동할 수 없고, 과거에 있던 곳에서 행동할 수 없으며, 앞으로 있을 곳에서 행동할 수도 없다. 오직 지금 있는 곳에서 행동할 수 있을 뿐이다.

어제 일이 잘되었는지 아닌지 걱정하지 말고, 오늘 일을 잘하라.

내일 할 일을 오늘 하려고 하지 마라. 내일이 되면 그 일을 할 시간이 충분할 것이다.

주술이나 신비적인 힘으로 손에 닿지 않는 사람이나 사물에 영향을 미치려고 하지 마라.

환경이 변하기를 기다렸다가 행동하려고 하지 마라. 행동으로 환경을 바꾸라.

현재 있는 환경에서 더 나은 환경으로 이동할 수 있다고 믿되, 온 마음과 힘을 다하여 현재의 환경에서 노력하라.

백일몽이나 공상에 잠기느라 시간을 허비하지 말고, 비전을 간직하고 지금 행동하라.

여기저기서 새로운 할 일을 찾거나, 기이하고 특이하거나 별난 행동을 함으로써 부자가 되는 첫 단계를 밟으려고 하지 마라. 적어도 당분간은 지금까지 해왔던 일을 하게 될 가능성이 높다. 그러나 그 일은 지금, 부자의 방식으로 해야 한다.

당신이 지금 어떤 사업을 하는데 그것이 자신에게

맞지 않다고 생각한다면, 맞는 사업을 찾을 때까지 기다렸다가 행동하지 마라. 잘못된 일을 하고 있다며 실망하거나 앉아서 한탄하지 마라. 지금 잘못된 일에 종사한다는 이유로 앞으로도 맞는 일을 찾지 못하게 되거나 엉뚱한 사업에 뛰어들어 앞으로도 맞는 사업을 못하게 되리라는 법은 없다.

자신에게 맞는 일이나 사업을 하는 모습을 간직하면서 그렇게 되려는 결의를 다지고, 그렇게 되고 있다고 믿되, 현재 있는 일터에서 행동하라. 현재 하는 일을 더 나은 일을 하려는 수단으로, 현재 있는 환경을 더 나은 환경을 얻으려는 발판으로 활용하라. 믿음과 결의로 자신에게 맞는 사업을 하는 비전을 간직하면, 무한한 원소의 도움으로 그 사업이 당신에게 다가올 것이다. 그리고 부자의 방식으로 행동하면 당신도 그 사업을 향해 다가가게 될 것이다.

당신이 지금 남의 밑에서 임금을 받는 위치에 있는데 원하는 바를 얻으려면 일터를 바꿔야 한다고 생각한다면, 우주에 생각을 투영하는 것만으로 다른 일자리를 얻으려고 기대하지 마라. 그렇게 될 확률은 낮다.

당신이 원하는 일터에 있는 자신의 모습을 그리되 현재의 일터에서 믿음과 결의로 행동한다면, 분명히 원하는 직장을 구하게 될 것이다.

'비전과 믿음'은 창조의 힘을 움직여 소망이 당신을 향해 다가오게 할 것이고, '행동'은 현재의 환경에 작용하여 당신이 소망을 향해 다가가게 할 것이다.

마지막으로, 앞에서 언급한 원리에 하나를 더해 정리해보자.

첫째, 만물이 창조되는 근본에는 무형의 근본 원소가 존재하는데, 이것은 우주 공간 전체에 스며들어 있다.

둘째, 이 원소에 생각이 깃들면 그 생각대로 사물이 창조된다.

셋째, 사람은 사물을 생각해낼 수 있고, 그 생각을

무형의 원소에 각인함으로써 생각하는 대상이 창조되게 할 수 있다.

넷째, 그러려면 경쟁의식에서 벗어나 창조 의식으로 들어가야 한다. 원하는 바를 명확하게 마음속으로 그리고, 그것을 얻겠다는 '결의'와 흔들림 없는 '믿음'으로 마음속 그림을 유지해야 한다. 또 결의를 약하게 하거나 비전을 흐리거나 믿음을 없애는 것에는 철저하게 관심을 끊어야 한다.

다섯째, 원하는 것이 올 때 받으려면, 현재 환경에서 현재 주변에 있는 사람과 사물을 통해 '지금' 행동해야 한다.

『부의 비밀』을 더 깊이 이해하기 위한 질문들

1. 행동하지 않고 생각만으로 부자가 될 수 없는 까닭은 무엇인가?

2. 지금 부적합한 직업이나 환경에 있다면 어떻게 해야 하는가?

3. 어떻게 해야 더 좋은 일자리를 얻을 수 있는가?

12

효과적인 행동

; 각각의 행동을 효율적으로 하라

당신은 앞서 언급한 방식으로 생각을 활용하고, 지금 있는 곳에서 할 수 있는 일을 시작해야 할 뿐 아니라, 지금 있는 곳에서 할 수 있는 일을 모두 해야 한다.

사람은 현재 있는 위치보다, 현재 하는 일보다 더 커져야만 앞으로 나아갈 수 있는데, 지금 있는 위치에서 할 일을 다하지 못하는 사람은 그 위치보다 크지 않은 사람이다. 세상은 현재 자리를 메우고도 남는 사람들의 힘으로만 앞으로 나아간다.

현재 자리를 제대로 메우는 사람이 전혀 없다면 세상은 후퇴하고 말 것이다. 현재 자리를 메우지 못하는 사람은 사회·정부·경제·산업에 무거운 짐이고, 다른 누군가가 상당한 대가를 치르고 이들을 끌고 가야 한다. 세상의 진보가 늦어지는 것도 바로 자신의 현재 자리를 메우지 못하는 사람들 때문이다. 이런 사람은 시대에 뒤떨어지고 후퇴하는 성향을 보인다. 구성원들 각각이 자신의 현 위치보다 작으면 사회는 발전할 수 없다. 사회의 진보는 물질과 정신의 발전 법칙을 따르기 때문이다.

동물 세계에서 진화는 생명의 과잉을 통해 일어난다. 어떤 생명체가 현재의 기능으로는 자신의 욕구(생명)를 표현할 수 없게 되면 더 높은 차원의 것을 만들어내는데, 이렇게 해서 새로운 종이 탄생한다. 자신의 위치를 채우고도 남는 생명체가 없었다면, 새로운 종은 결코 탄생할 수 없었을 것이다.

이 법칙은 우리에게도 동일하게 적용된다. 부자가 되려면 이 원칙을 당신 삶에 적용해야 한다.

하루하루가 성공 아니면 실패이고, 성공한 날들이

쌓여야 소망을 이루게 된다. 날마다 실패한다면 결코 부자가 될 수 없지만, 날마다 성공한다면 반드시 부자가 될 것이다.

오늘 할 수 있는 일이 있는데 하지 않으면 그 문제에 관한 한 실패한 것이며, 그 결과는 상상보다 더 끔찍할지 모른다.

우리는 아주 사소한 일조차 결과를 예측하지 못한다. 우리를 위해 움직이기 시작한 힘들이 어떻게 작용하는지도 알지 못한다. 사소한 행동 하나에 크게 달라질 수도 있다. 바로 그 행동이 엄청난 가능성으로 들어가는 문을 여는 열쇠가 될지 모른다.

우리는 지고의 존재가 우리를 위해 세상에서 만들어내는 모든 일을 결코 알 수 없다. 작은 일을 하지 못하거나 무시하면 원하는 것을 얻는 과정이 상당히 길어질지도 모른다.

날마다 그날 할 수 있는 일을 모두 하라. 그러나 반

드시 고려해야 할 것이 있다. 되도록 짧은 시간에 되도록 많은 일을 해내려고 과로하거나 일에 맹목적으로 달려들어서는 안 된다는 것이다. 내일 일을 오늘 하지도 말고, 한 주의 일을 하루에 하려고 하지도 마라. 중요한 것은 일의 숫자가 몇인가가 아니라 각각의 행동이 얼마나 효과적인가 하는 점이다.

각 행동은 그 자체로서 성공 아니면 실패이다. 각 행동은 그 자체로서 효율적이거나 비효율적이다. 비효율적인 행동은 모두 실패이고, 평생을 비효율적인 행동에 허비한다면 당신 인생도 실패작일 것이다. 모든 행동이 비효율적이라면 일을 더 많이 할수록 더 나빠질 것이다. 이와 반대로 효율적인 행동은 모두 그 자체로서 성공이고, 평생을 효율적으로 행동한다면 당신 인생은 반드시 성공일 수밖에 없다.

실패의 원인은 비효율적으로 하는 일은 너무 많고 효율적으로 하는 일은 적기 때문이다. 비효율적인 행동은 하지 않고 효율적인 행동을 많이 한다면 부자가 될 것이라는 점은 자명하다. 지금 각각의 행동을 효율적으로 할 수 있다면 부자가 되는 과학이 수학처럼 정밀한 과학임을 알게 될 것이다.

그렇다면 문제는 각각의 행동을 성공으로 만들 수 있는가 하는 점이다. 당신은 분명히 그렇게 할 수 있다. 지고의 힘이 당신과 함께하고 있고 그 힘은 실패하는 법이 없기 때문이다. 우리는 그 힘을 뜻대로 사용할 수 있고, 각 행동을 효율적으로 만들려면 단지 그 힘을 투입하기만 하면 된다.

행동 하나하나가 강력하다면 당신은 부자가 될 방식으로 행동하고 있는 것이다. 각각의 행동을 강하고 효율적이게 만들려면, 그 행동을 할 때 비전을 유지하고 믿음과 결의의 힘을 모두 쏟아부어야 한다.

마음과 행동이 제각각으로 움직이는 사람은 이 지점에서 실패하기 쉽다. 이들은 어떤 시간 어떤 장소에서 마음의 힘을 사용하고, 다른 시간 다른 장소에서 행동한다. 그리하여 각 행동이 성공적이지 않게 되고 비효율적인 행동이 지나치게 많아진다. 그러나 행동할 때마다 지고의 힘이 투입된다면, 그 행동은 아무리 사소한 것이라도 그 자체로서 성공일 것이다. 그리고 모든 성공이 또 다른 성공으로 가는 문을 열어주는 법이므로, 당신이 원하는 것에 가까워질수록 원하는 것이 당신에게 가까워지는 속도도 점차 빨라질 것이다.

성공적인 행동의 결과가 축적된다는 점을 기억하라. 발전하려는 욕망이 모든 생명에 내재되어 있으므로, 어떤 사람이 성장하는 방향으로 움직이기 시작하면 더 많은 것이 그에게 가게 되고, 따라서 그 사람의 소망이 미치는 영향력도 몇 배로 불어나게 된다.

날마다 그날 할 수 있는 일을 모두 하고, 각각을 효율적으로 하라.

아무리 사소한 일이라도 그것을 하는 동안 비전을 간직해야 한다. 이 말은 비전의 아주 세세한 부분까지 항상 명확히 그려야 한다는 뜻이 아니다. 비전의 세부적인 부분을 상상하고 그것이 마음속에 깊이 각인될 때까지 묵상하는 일은 여가 시간에 하면 된다. 빠른 결과를 원한다면 여기에 여가 시간을 모두 할애하라.

계속 묵상하다 보면 원하는 것의 그림이 아주 사소한 것까지 마음속에 단단히 고정되고 무형의 원소에 완전히 전달되어, 일하는 시간에는 그저 그 그림을 떠올리는 것만으로도 믿음과 결의가 자극되고 최선의 노력을 기울이게 될 것이다.

여가 시간에는 비전을 묵상하는 데 시간을 할애하여, 의식이 비전으로 가득 차 즉시 떠올릴 수 있을 정도가 되게 하라. 밝은 미래에 열광하여 생각만으로도 강력한 에너지가 발산될 것이다.

앞서 언급했던 문구를 반복해보자. 새로 알게 된 내용을 추가하여 마지막 문구를 조금 바꾸어보자.

첫째, 만물이 창조되는 근본에는 무형의 근본 원소가 존재하는데, 이것은 우주 공간 전체에 스며들어 있다.

둘째, 이 원소에 생각이 깃들면 그 생각대로 사물이 창조된다.

셋째, 사람은 사물을 생각해낼 수 있고, 그 생각을 무형의 원소에 각인함으로써 생각하는 대상이 창조되게 할 수 있다.

넷째, 그러려면 경쟁의식에서 벗어나 창조 의식으로 들어가야 한다. 원하는 바를 명확하게 마음속으로 그리고, 그것을 얻겠다는 '결의'와 흔들림 없는 '믿음'으로 마음속 그림을 유지해야 한다. 또 결의를 약하게 하거나 비전을 흐리거나 믿음을 없애는 것에는 철저하게 관심을 끊어야 한다.

다섯째, 원하는 것이 올 때 받으려면, 현재 환경에서 현재 주변에 있는 사람과 사물을 통해 '지금' 행동하되, 각각의 일을 모두 효율적으로 해야 한다.

『부의 비밀』을 더 깊이 이해하기 위한 질문들

1. 날마다 일을 얼마나 많이 해야 하는가? 왜 그런가?

2. 동물 세계에서 진화는 무엇 때문에 일어나는가?

3. 각 행동을 효율적으로 하려면 어떻게 해야 하는가?

4. 지금 당신은 효율적으로 행동하고 있다고 느끼는가? 아니라면, 왜 그 런가?

5. 이 장에서 비전에 대해 뭐라고 이야기하는가?

13

적합한 일로 옮기기

; 직업이나 환경을 바꾸는 가장 좋은 방법은 성장이다

어떤 직업에서든 그 직업에 필요한 능력을 얼마나 잘 계발했느냐가 성공을 좌우하는 한 가지 요소이다.

뛰어난 음악적 능력 없이는 누구도 음악 쪽에서 성공할 수 없고, 기계를 다루는 능력을 잘 연마하지 않고서는 누구도 기계 분야에서 제대로 성공할 수 없으며, 재치와 상술 없이는 상인으로서 성공할 수 없다.

그러나 특정한 직업에 필요한 능력을 잘 계발한다고 해서 반드시 부자가 되는 것은 아니다. 대단한 재주가 있지만 가난한 음악가도 있고, 경이로운 능력이 있어도 부자가 못되는 기술자나 엔지니어도 있으며, 사람을 다루는 능력이 탁월한데도 실패하는 사업가도 있다.

각각의 능력은 도구다. 좋은 도구를 갖추는 것도 필요하지만 도구를 올바르게 사용하는 것도 필수다. 어떤 사람은 날카로운 톱과 대패 등의 연장이 갖춰지면 멋진 가구를 만들 수 있는 반면, 어떤 사람은 같은 도구를 이용하여 똑같이 했는데도 엉성한 가구가 나온다. 후자는 도구를 잘 다룰 줄 모르는 것이다.

마음의 다양한 능력은 부자가 되는 데 활용해야 할 도구들이다. 당신은 능력이 뛰어난 분야에서 성공하기가 더 쉬울 것이다.

일반적인 경우라면 자신의 가장 뛰어난 능력을 활용하는 직업―자연스럽게 적성에 맞는 일―을 고를 때 가장 좋은 성과를 거둘 것이다. 그러나 이 진술에도 한계는 있다. 사람은 타고난 재능이 있는 직업에만 종사해야 하는 것이 아니기 때문이다.

당신은 어떤 직종에서도 부자가 될 수 있다. 적당

한 재능이 없으면 계발하면 되기 때문이다. 이는 타고난 재능(도구)을 사용하도록 자신을 한정하지 않고, 일하면서 동시에 재능을 갈고닦아야 한다는 뜻이다. 이미 능력이 잘 계발된 분야에서는 성공하기가 쉽겠지만, 어떤 직종에서도 성공할 수 있다. 기초적인 재능만 있으면 계발하면 되고 최소한의 재능은 누구에게나 있기 때문이다.

적성에 제일 맞는 일을 하면 가장 쉽게 부자가 되겠지만, 제일 하고 싶은 일을 하면 가장 만족스럽게 부자가 될 것이다.

인생이란 자기가 하고 싶은 일을 하는 것이다. 좋아하지 않는 일을 끝없이 하면서 원하는 일은 결코 할 수 없는 인생, 그것은 진실로 만족스러운 삶이 아니다.

그리고 당신이 원하는 일을 할 수 있다는 점은 확실하다. 어떤 일을 하고 싶다는 것은 곧 그 일을 해낼 힘이 있다는 의미이기 때문이다.

욕망은 잠재된 힘이 있다는 증거다.

음악을 연주하려는 욕망이 있다는 것은 음악을 연주하는 능력이 외부로 표현되고 계발되려고 한다는 뜻이다. 기계를 발명하려는 욕구가 있다는 것은 기계적인 능력이 외부로 표현되고 계발되려고 한다는 뜻이다.

계발되었든 그렇지 않든, 뭔가를 할 수 있는 능력이 없는 곳에는 그것을 하려는 욕구도 일어나지 않는다. 뭔가를 하려는 욕구가 강하다면 이는 그것을 해낼 능력이 충분히 있어서 단지 그 힘을 계발하고 올바른 방식으로 적용하기만 하면 된다는 명백한 증거다.

다른 모든 요소가 같다면 능력이 가장 잘 계발된 일을 선택하는 편이 최선이겠으나, 어떤 특정한 일을 하고 싶다는 욕구가 강하다면 그 일을 궁극적인 직업으로 선택해야 한다.

당신은 얼마든지 원하는 일을 할 수 있다. 가장 적성에 맞고 즐거운 일에 종사하는 것은 당신의 권리이자 특권이다. 좋아하지 않는 일을 해야 할 의무는 없으므로, 원하는 일로 옮겨가기 위한 수단으로만 삼으면 된다.

첫 단추를 잘못 꿰어 바람직하지 않은 환경에 있거나 원하지 않는 직업이나 사업에 종사하고 있다면, 얼마 동안은 그 일을 계속해야겠지만 그 일을 함으로써 원하는 일을 하게 될 수 있다는 사실을 알면 즐겁게 일할 수 있다.

당신이 지금 자신에게 맞지 않는 일을 하고 있다고 느낀다면, 다른 일을 하려고 너무 서두르지 마라. 일반적으로 직업이나 환경을 바꾸는 가장 좋은 방법은 '성장'이다.

기회가 왔을 때 주의 깊게 고려해봐서 그것이 적절한 기회라고 판단된다면, 갑작스러운 변화를 두려워하지 마라. 그러나 그렇게 하는 편이 현명한지 의심스러울 때에는 결코 갑작스럽거나 성급하게 행동하지 마라.

창조의 차원에서는 서두를 일도, 기회가 부족한 경

우도 없다.

경쟁의식에서 벗어나면 성급하게 행동할 일이 전혀 없다. 당신이 하려는 일에서 당신을 밟고 올라설 사람은 없다. 기회는 모두에게 충분하다. 한 자리가 사라지면 다른 더 좋은 자리가 곧 생길 것이다. 시간도 충분하다. 의심스럽다면 기다리라. 비전을 묵상하는 단계로 돌아가서 믿음과 결의를 키우라. 그리고 의심과 우유부단이 찾아올 때는 어떻게든 감사하는 마음을 기르라.

하루 이틀 정도 원하는 비전을 묵상하면서 그것에 다가가고 있다는 데 진실로 감사하면, 당신은 지고의 존재와 더 가까워지게 되어 어떤 행동을 할 때 실수하지 않을 것이다.

우주에는 전지한 정신이 존재한다. 깊이 감사하면서 발전하려는 결의와 믿음을 다진다면 그 존재에 가까워질 수 있다.

실수는 성급하게 행동할 때, '모두에게 더 큰 생명'

이라는 올바른 동기를 망각하고 행동할 때, 의심하거나 두려워하면서 행동할 때 나온다.

부자의 방식으로 행동하면 기회가 점점 많아질 것이다. 믿음과 결의를 굳건히 하고, 경건하고 감사한 태도로 지고의 마음과 가까이 연결되어 있어야 한다.

날마다 그날 할 수 있는 일을 완벽하게 하되, 서두르거나 걱정하거나 두려워하지 마라. 최대한 빨리 가되 결코 서두르지 마라. 서두르기 시작할 때 창조자가 되기를 그만두고 경쟁자가 된다는 사실을 기억하라. 낡은 세계로 다시 떨어지고 마는 것이다.

스스로 서두르고 있다고 느낄 때면 멈추어 서라. 원하는 비전에 의식을 집중하고, 거기에 다가가고 있다는 데 감사하라. 감사함을 느낄 때 믿음이 강해지고 결의가 새로워질 것이다.

『부의 비밀』을 더 깊이 이해하기 위한 질문들

1. 특정 직업에 두드러진 재능이 있다면, 어떻게 해야 하는가?

2. 능력과 도구는 어떤 면에서 비슷한가?

3. 욕망이 있다는 것은 무엇을 의미하는가? 무엇인가를 하려는 욕망이 그 것을 할 수 있다는 점을 의미하는 까닭은 무엇인가?

4. 성급하게 행동하려는 유혹을 느낄 때 어떻게 해야 하는가?

14

향상되는 느낌

; 만나는 모든 이에게 성장을 전달하라

직업을 바꾸든 바꾸지 않든, 지금 당신은 현재 종사하는 직업과 관련한 행동을 해야 한다. 당신은 현재 직업을 건설적으로 활용하여 부자의 방식으로 날마다 할 일을 해나감으로써 원하는 직업에 가까이 갈 수 있다.

현재 직업에서 문서로든 직접적으로든 다른 사람들을 만나게 될 때 중요한 점은, 그들에게 '당신이 계속 발전하고 있다'는 느낌을 전달하는 일이다.

사람들은 모두 성장을 추구한다. 모든 사람의 내면에 깃든 무형의 원소가 더 완전하게 표현되려고 하기 때문이다.

성장하려는 욕구는 모든 자연에 깃든, 우주의 근본적인 성향이다. 인간의 모든 행위는 성장하려는 욕구를 바탕에 깔고 있다. 사람은 음식과 옷과 잠자리와 부와 아름다움과 지식과 즐거움이 많아지기를, 더 성장하고 커지기를 바란다.

생명체는 무엇이든 끊임없이 발전해야 한다. 성장이 멈추면 그 즉시 해체와 죽음이 시작된다. 사람은 본능적으로 이 사실을 알기에 끝없이 뭔가를 더 추구한다. 끝없는 성장이라는 이 법칙은 예수가 말씀하신 달란트의 비유에도 등장한다.

"있는 자는 더 받아 풍족하게 되고, 없는 자는 있던 것까지 빼앗기리라."

더 부유해지려는 생각은 비난받을 일도 죄악도 아니다. 단지 더욱 풍요로운 삶을 추구하려는 마음이고 열망일 뿐이다. 그리고 이러한 욕구는 근본적인 본능이기에, 사람은 누구나 더 나은 수단을 제공할 수 있는 이에게 끌리게 마련이다.

앞에서 언급한 부자의 방식을 따라가면 당신은 스스로 계속 성장하게 되고, 만나는 모든 이를 성장하게 도와줄 수 있다.

우리는 모든 존재에게 성장을 퍼뜨리는 창조의 중심이다. 이것을 스스로 확신하고, 만나는 모든 이에게 전달하라. 아무리 작은 거래라도, 심지어 어린아이에게 사탕 하나를 파는 경우라 해도, 성장이라는 생각을 담아서 반드시 고객이 그것을 느끼게 하라.

어떤 일을 하든지 성장이라는 생각을 전달하여 모든 사람이 당신을 보고 '성장하는 사람'이라고 느끼고, 당신과 만나면 자신도 성장한다고 느끼게 하라. 일과 관계없이 그저 사적으로 만나는 사람에게도 성장한다는 생각이 들게 하라.

이런 인상을 주려면 스스로 성장하고 있다고 굳게 믿어서 그 믿음이 모든 행동에 영감을 주고 모든 행동에 스며들게 하면 된다.

어떤 일을 하든지 자신이 성장하는 사람이고 다른 사람도 성장하게 해준다는 점을 굳게 믿으라. 자신이 부유해지고 있으며 다른 사람도 그렇게 되도록 그들에게 혜택을 주고 있다고 느끼라.

자신의 성공을 자랑하거나 떠벌리지 말고, 불필요하게 이야기하지도 마라. 진정한 신념은 결코 자랑하는 것이 아니다. 떠벌리는 사람을 볼 때마다 그 사람이 남몰래 의심하고 두려워한다는 점을 알게 될 것이다. 그저 자신의 믿음을 느끼고 그것이 모든 거래에 작용하게 하라. 모든 행동과 말투와 표정에서 자신이 부자가 되고 있으며 이미 부자라는 사실이 조용히 드러나게 하라. 이 느낌을 전달하는 데 말은 필요하지 않다. 사람들은 당신과 함께 있으면 성장한다는 느낌을 받을 것이고, 자기도 느끼지 못하는 사이에 당신에게 이끌려올 것이다.

사람들이 당신과 어울리면 자신도 성장할 것이라고 느끼게 해야 한다. 사람들에게서 받는 금전 가치보다 더 큰 이용 가치를 주도록 주의를 기울이라.

이렇게 하는 것을 솔직하게 자랑스러워하고 이를 모든 이에게 알리면, 고객이 끊이지 않을 것이다. 사람들은 예전에 성장을 경험했던 곳으로 다시 갈 것이고, 지고의 존재는 모든 이가 성장하기를 바라므로 당신을 전혀 모르는 사람들도 당신에게 가도록 안배할 것이다. 사업은 빠르게 성장할 것이고, 당신은 예상하지 못한 수익에 놀랄 것이다. 나날이 사업도 성장하고 이익도 커지고, 원한다면 더 적성에 맞는 직업도 찾게 될 것이다.

그러나 이렇게 할 때는 비전을 결코 놓쳐서는 안 되고, 원하는 것을 얻겠다는 결의와 믿음도 잃어서는 안 된다.

이제 한 가지 주의할 점을 말해주겠다.

사람을 지배하는 힘을 얻으려는 흉악한 유혹에 주의하라.

미숙하거나 아직 성장 단계에 있는 사람에게는 권

력이나 힘을 행사하는 것만큼 기분 좋은 일이 없다. 자기만족을 위해서 타인을 지배하려는 욕망은 세상에 재앙을 불러왔고 지금도 그렇다. 길고 긴 세월 동안, 왕과 지배자들은 영토 전쟁으로 세상을 피로 물들였다. 모든 존재가 성장하기를 바라서가 아니라 자신이 더 큰 힘을 얻기 위해서.

오늘날 기업과 산업 세계의 주된 동기도 똑같다. 사람들은 돈이라는 군대를 집결하여, 힘을 얻으려는 똑같은 아귀다툼에 수백만의 생명과 영혼을 소모시킨다. 기업가도 과거의 왕들처럼 권력욕으로 움직인다.

권력을 탐하고, 주인이 되고, 대중 위에 선 자로 인식되고, 호화로운 과시로 남을 놀라게 하려는 유혹을 경계하라.

다른 사람을 지배하려는 마음은 경쟁의식이고, 경쟁의식은 창조 의식이 아니다. 자신의 환경과 운명을 다스리려고 다른 사람을 다스릴 필요는 전혀 없다. 사실 높은 자리를 얻으려고 투쟁하기 시작하는 순간 당신은 운명과 환경에 지배당하게 될 것이고, 그러면 부자가 되는 것도 우연과 요행의 손에 놓이게 될 것이다. 경쟁의식을 주의하라!

새뮤얼 존스Samuel Milton Jones를 통해 유명해진 '황금률'은 이러한 창조의 원칙을 잘 표현한다.

"무엇이든지 너희가 남에게 받고자 하는 대로 너희도 남을 대접하라."

『부의 비밀』을 더 깊이 이해하기 위한 질문들

1. 사람들이 다들 성장을 바라는 이유는 무엇인가?

2. 다른 사람들에게 어떤 느낌을 전달해야 하는가?

3. 이 장에 어떤 유혹이 언급되어 있는가? 당신은 어느 정도의 힘을 원하는가? 왜 힘을 원하는가?

15

발전하는 사람

; 부자의 방식으로 행동하면 반드시 기회가 온다

앞장에서 기술한 내용은 전문직 종사자든 근로자든 상업에 종사하든 동일하게 적용된다. 당신이 의사든, 교사든, 성직자든 상관없이 다른 사람의 삶을 나아지게 하고 상대도 이것을 깨닫게 한다면, 사람들은 당신에게 끌려오고 당신은 부자가 될 것이다.

훌륭한 치료자가 되겠다는 비전을 품은 의사가 믿음과 결의를 다지고 앞에서 언급한 대로 일한다면, 생명의 근원과 매우 밀접하게 연결되어 경이적으로 성공할 것이다. 그에게는 환자가 밀려들 것이다.

사실 이 책의 교훈을 의사만큼 잘 활용할 수 있는

사람도 없다. 어느 분야의 의사든 무관하게 치유의 원칙은 어디서나 동일하며 누구나 같은 원칙에 도달할 수 있기 때문이다. 성장하는 의료인이 성공하는 모습을 명확하게 그리고, 믿음과 결의와 감사의 법칙에 순응한다면 고칠 수 있는 환자는 모두 고칠 것이다.

종교계를 살펴보자. 세상은 풍요롭게 사는 진정한 길을 사람들에게 전할 수 있는 성직자를 간절히 찾는다. 부자가 되는 과학의 구체적인 내용을 터득하고, 이와 더불어 건강해지는 법, 훌륭해지는 법, 사랑받는 법을 알며, 그 세부적인 내용을 연단에서 가르칠 수 있는 사람이라면 신도들이 끊이지 않을 것이다. 이것이 세상이 바라는 복음이다. 이것은 삶을 향상시킬 것이다. 사람들은 기뻐하며 귀 기울이고 그것을 들려주는 사람에게 아낌없는 후원을 보낼 것이다.

지금 필요한 것은 삶의 과학을 몸소 보여주는 일이다. 우리는 방법만 가르쳐주는 데서 그치지 않고 그것을 실천해 직접 보여주는 사람을 바란다. 스스로 부자가 되고, 건강해지고, 위대해지고, 사랑받는 설교자가 그 방법을 가르쳐주길 바란다. 그런 사람이 등장하면 수많은 신도가 충심으로 따를 것이다.

성장하는 삶에 대한 믿음과 결의로 아이들에게 영감을 줄 수 있는 교사도 마찬가지다. 그런 교사는 결코 실직하는 일이 없을 것이다. 이런 믿음과 결의가 있는 교사라면 학생들도 그런 믿음과 결의를 다지게 해줄 것이다.

교사와 성직자와 의사에게 해당되는 것은 변호사와 치과의사, 부동산 중개인, 보험 설계사 등 모든 이에게 적용된다.

앞에서 언급한 대로 생각과 행동이 조화를 이루면 실패란 없다. 실패할 수가 없다. 이 지침을 꾸준히 인내심 있게 그대로 따르는 사람은 누구나 부자가 될 것이다. 성장이라는 법칙은 중력의 법칙처럼 수학적으로 확실하게 작동한다. 부자가 되는 과학은 정밀과학이다.

근로자의 경우도 앞서 언급한 다른 사례와 마찬가지다. 눈에 보이지 않는 곳에서 일한다고 해서, 임금은 적고 생활비는 많이 드는 상황이라고 해서 부자가될 기회가 없다고 생각하지 마라. 원하는 바를 마음속으로 명확하게 그리고, 믿음과 결의로 행동하기 시작하라.

날마다 그날 할 수 있는 일을 모두 하고, 각각의 일을 지극히 성공적으로 해내라. 당신이 하는 모든 일에성공의 힘과 부자가 되겠다는 결의를 불어넣으라.

그러나 고용주의 비위를 맞춰 고용주나 다른 상사가 당신을 승진시켜줄 것이란 기대로 이렇게 하지는마라. 그렇게 될 확률은 별로 크지 않다. 단지 '좋은 직원'에 불과한 사람이 능력을 총동원해서 할 일을 하면서 만족하고 감사하면, 고용주는 그를 귀한 일꾼으로는 여기겠지만 그를 승진시키는 데는 별 관심이 없을것이다. 당신을 지금 있는 자리에 두는 편이 더 이롭기때문이다.

확실하게 위로 올라가려면 자신의 위치보다 훨씬 커지는 것에 그쳐서는 안 된다. 분명히 위로 올라갈 사람은 현재의 위치보다 지나치게 크고, 자신이 어떤 사람이 되고 싶은지 분명히 알고, 그런 사람이 될 수 있다는 점도 알며, 그렇게 되겠다는 결의가 확고한 사람이다.

고용주를 기쁘게 하겠다는 생각으로 현재 있는 자리보다 더 커지려고 애쓰지 마라. 스스로 성장하겠다는 생각으로 하라. 성장하겠다는 결의와 믿음을 계속 유지하면서 일하고, 업무 시작 전이든 퇴근 후든 그것을 계속 유지하라. 상사든, 동료든, 친구든, 그 누구라도 당신과 만나는 사람이 당신에게서 흘러나오는 결의의 힘을 느끼도록 유지하라. 그러면 누구나 당신을 보고 '발전하고 성장하는 사람'이라고 생각하리라. 사람들이 당신에게 끌려올 것이고, 지금 직장에서 성장할 가능성이 없다 해도 곧 다른 일을 할 기회가 생길 것이다.

법칙에 순응하면서 발전하는 사람에게는 반드시 기회가 찾아온다. 그렇게 하는 힘이 존재한다. 조물주는 당신이 부자의 방식으로 행동하면 돕지 않을 수 없다. 자신을 돕기 위해서라도 그렇게 해야만 하기 때문이다.

우리는 환경이나 전체적인 산업 발달 상황 때문에 발전하지 못하는 것이 아니다. 철강 사업을 해서 부자가 되지 못하더라도 농사일로 부자가 될 수도 있다. 그리고 부자의 방식으로 움직이기 시작하면, 분명히 철강 사업의 손아귀에서 벗어나 농장이든 어디든 당신이 바라는 다른 곳으로 가게 될 것이다.

직원 수천 명이 부자의 방식으로 일하기 시작하면 회사는 곧 큰 곤경에 빠질 것이다. 직원에게 더 좋은 기회를 주든지 아니면 사업을 중단하든지 해야 하리라. 누구도 회사를 위해 일할 이유는 없다. 부자가 되는 과학을 모르거나 너무 게을러서 이를 실행할 수 없는 사람들이 있을 때에나 회사는 직원들을 절망적인 상황에 방치해둘 수 있다.

부자의 방식으로 생각하고 행동하기 시작하면, 더 나은 조건으로 옮겨갈 기회를 민감하게 감지하게 될 것이다. 기회는 금방 올 것이다. 모든 이의 내면에서 작용하는 지고의 힘이 그러한 기회를 가져다줄 것이다.

한 번에 원하는 것을 모두 달성할 기회만을 기다리지 마라.

현재보다 나아질 기회가 오고 당신이 거기에 이끌리면, 그 기회를 잡으라.

더 좋은 기회를 잡을 수 있는 첫 계단이 될 것이다.

발전하는 사람에게 기회가 부족한 경우란 있을 수 없다. 우주는 그런 사람에게 만물을 안배하고 그의 행복을 위해 작용하도록 되어 있다. 부자의 방식으로 생각하고 행동하면 반드시 부자가 된다.

그러므로 당신이 근로자라면 이 책을 주의 깊게 공

부하고, 여기에 기록된 행동 지침을 자신감 있게 따르라. 실패하지 않을 것이다.

『부의 비밀』을 더 깊이 이해하기 위한 질문들

1. 전문직에 종사하는 사람은 어떤 인상을 주려고 해야 하는가? 왜 그런가?

2. 승진할 가능성이 별로 보이지 않는 근로자는 어떻게 해야 하는가?

3. 직원 수천 명이 부자의 방식으로 일하기 시작하면 회사는 어떻게 되겠는가?

16

주의사항과 결론

; 계속 해나가면 바라던 것보다 더 큰 것이 반드시 오리라

부자가 되는 정밀과학이 있다고 하면 비웃는 사람도 많을 것이다. 부의 공급이 제한되었다고 믿기에 그들은 사회와 정부 구조가 바뀌기 전에는 사람들이 모두 부유해질 수는 없다고 주장할 것이다. 그러나 이것은 진실이 아니다.

현 정부가 대중을 가난에서 구제해주지 못한다는 것은 사실이지만, 이것은 대중이 부자의 방식으로 생각하고 행동하지 않기 때문이다. 대중이 이 책에 제시된 대로 움직이기 시작한다면, 정부도 산업 체계도 그들을 막을 수 없다. 모든 시스템이 발전하는 움직임을 수용하도록 바뀔 수밖에 없다.

사람들이 발전하려는 마음가짐이 있고, 부자가 될 수 있다고 믿고, 부자가 되겠다는 결의로 앞으로 나아간다면 그 무엇도 그들을 가난에 묶어둘 수 없다.

개개인은 언제든, 어떤 정부 체제에서든 부자의 방식으로 행동하여 부자가 될 수 있다. 그리고 어떤 정부든 다수의 사람이 그렇게 한다면, 체제가 바뀌게 되어 다른 사람에게도 문이 열릴 것이다.

경쟁 세계에서는 부자가 되는 사람이 많을수록 다른 사람에게 더 나쁘다. 그러나 창조 세계에서는 부자가 되는 사람이 많을수록 다른 사람에게 더 좋다.

일반 대중의 경제는 상당수 사람이 이 책에 기록된 과학적인 방식을 실천하여 부자가 될 때에만 구제될 수 있다. 이렇게 하면 다른 이에게 길을 보여주고, 참다운 삶에 대한 갈망을 불러일으키고, 그렇게 할 수 있다는 믿음과 그렇게 하겠다는 결의를 고취시킬 수 있다.

현재로서는 어떤 정부 체제도, 자본주의나 경쟁적인 산업 구조도 당신이 부자가 되는 것을 막지는 못한다는 점을 깨닫는 것으로 충분하다. 창조적인 생각의 차원에 들어가면 이런 모든 것을 초월하고 다른 세계의 시민이 될 것이다.

생각이 반드시 창조의 차원에 머물러야 한다는 점을 기억하라. 한순간이라도 속아서 공급이 제한되어 있다고 생각하거나 경쟁 차원에서 행동하지 말아야 한다. 낡은 생각의 나락으로 떨어지려고 할 때마다 자신을 즉시 바로잡으라. 경쟁의식에 들어가면 지고의 의식과 협력하지 못한다.

오늘 일을 완벽하게 성공적으로 하는 데 주의를 오롯이 기울이고, 내일 일어날지도 모르는 긴급 상황을 미리 대비하려고 걱정하지 마라. 그런 일이 실제로 일어났을 때 대처하면 된다.

오늘 조치를 취해야만 피할 수 있는 것이 분명한 경우를 제외하고는, 당신 사업에 그림자처럼 다가올 장애물을 극복할 방법에 대해 미리 고민하지 마라. 멀리서 볼 때 장애물이 아무리 거대해 보이더라도 부자의 방식으로 계속해나가면 그것은 사라지거나 당신이 통과할 길이 위나 아래나 옆에서 나타날 것이다.

어떤 상황이 겹치더라도 정확하게 과학적인 과정을 따라서 나아가는 사람을 좌절시킬 수는 없다. 법칙을 따르는 사람은 부자가 될 수밖에 없고, 이는 둘에 둘을 곱하면 넷이 될 수밖에 없는 이치와 같다.

일어날지 모르는 재해·장애물·공황, 혹은 설상가상의 상황을 놓고 걱정하지 마라. 그것이 실제로 눈앞에 다가오면 그때도 대처할 시간은 충분하다. 모든 어려움에는 그것을 이길 수단도 반드시 존재하는 법이다.

말을 주의하라. 낙담하거나 실망시키는 말은 자신에 대해서도, 주변 일에 대해서도, 다른 어떤 일에 대해서도 하지 마라. 실패의 가능성을 인정하거나 실패를 암시하는 말도 결코 하지 마라.

시대가 어렵다거나 사업 전망이 불투명하다고 결코 말하지 마라. 경쟁 차원에 있는 사람에게는 시대가 어렵고 사업 전망이 불투명할지 모르나 당신에게는 결코 그렇지 않다. 당신은 원하는 것을 창조할 수 있고, 두려움을 초월해 있다.

다른 이들이 힘겨운 시기를 겪고 사업이 되지 않을 때, 당신은 가장 큰 기회를 발견할 것이다. 세상을 변하고 성장하는 존재로 바라보고 생각하고, 눈에 보이는 악이 단지 덜 발전해 생기는 현상으로 여기도록 마음을 단련하라.

늘 성장의 관점에서 말하라. 그렇게 하지 않으면 자신의 믿음을 부정하는 것이고, 그러면 곧 믿음이 사라질 것이다.

결코 실망하지 마라. 원하는 것을 일정한 시간 내에 얻으리라 기대했는데 그때 얻지 못하면 실패한 듯 보일 수도 있다. 그러나 믿음을 유지하면 실패가 겉으로 보이는 상태일 뿐임을 알게 될 것이다.

부자의 방식으로 해나가다가 원하는 것을 얻지 못하더라도, 궁극에는 훨씬 더 나은 것을 얻게 되어 앞서 실패로 보인 일이 사실 대단한 성공이었음을 깨닫게 될 것이다.

이 과학을 공부하던 어떤 사람을 예로 들어보겠다. 그는 어떤 사업을 일으키면 매우 유익할 것이라고 생각하고 그렇게 하기로 결심한 뒤 목표를 이루려고 몇 달 동안 노력했다. 그런데 결정적인 때가 되자 전혀 설명할 수 없는 방식으로 일이 무산되고 말았다. 마치 보이지 않는 힘이 비밀스레 뒤에서 작용한 것 같았다.

그는 실망하지 않았다. 오히려 소망이 이루어지지 않은 것을 신에게 감사했고, 좌절 대신 감사하는 마음으로 꾸준히 일을 계속해나갔다. 몇 주 뒤, 처음 거래와는 비교할 수 없을 정도로 좋은 기회가 찾아왔다. 그는 자신이 좋지 않은 기회에 뒤엉켜서 훨씬 더 좋은 기회를 놓치지 않도록 자신보다 더 큰 존재가 도와주었다는 것을 알게 되었다.

믿음을 유지하고, 결의를 굳게 하고, 감사하면서 날마다 할 수 있는 일을 하고, 각각의 일을 성공적으로 해낸다면 실패처럼 보이는 일이 모두 이런 식으로 당신에게 작용할 것이다.

실패한다면 그것은 충분히 크게 요청하지 않았기 때문이다. 계속해나가라. 그러면 바라던 것보다 더 큰 것이 반드시 오리라. 이를 잊지 마라.

원하는 일을 할 만큼 재능이 없어서 실패하지는 않을 것이다. 앞에서 말한 대로 해나간다면, 일에 필요한 재능을 모두 계발하게 될 것이기 때문이다.

재능을 계발하는 방법을 다루는 것은 이 책의 범위를 넘어서지만, 그것도 부자가 되는 과학만큼이나 분명하고 단순하다. 어떤 자리에 서게 되었을 때 능력이 부족해서 실패할지 모른다는 두려움으로 주저하거나 흔들리지 마라. 계속 나아가 그 위치에 이르면, 능력이

배양되어 있을 것이다. 제대로 배우지 못한 링컨에게 능력을 주어 최고의 성과를 내고 존경받는 대통령이 되게 한 '능력의 근원'이 당신에게도 열려 있다. 당신이 맡은 일을 해내는 데 필요한 지혜를 지고의 존재에게서 받으라. 굳게 믿고 앞으로 계속해서 나아가라.

이 책을 공부하라. 여기에 담긴 내용을 모두 터득할 때까지 늘 함께하라. 이것을 굳게 믿게 되기 전에는 오락이나 기타 소일거리도 자제하라. 이와 상반되는 내용을 강의하거나 가르치는 곳을 멀리하고, 비관적이거나 염세적인 글을 읽지 말고, 그에 대해 논쟁하지도 마라.

여가 시간에는 되도록 비전을 묵상하고, 감사하는 마음을 기르고, 이 책을 읽으라. 여기에는 부자가 되는 과학의 모든 것이 담겨 있다.

다음 장에 이 책의 핵심 내용을 요약해두었다.

『부의 비밀』을 더 깊이 이해하기 위한 질문들

1. 정부가 대중을 가난에 묶어놓는 것이 아니라는 점을 설명하라.

2. 대중이 경제적으로 구제되려면 어떻게 해야 하는가?

3. 앞으로 일어날지 모르는 긴급 상황과 마주칠지 모르는 장애물에 대비하는 것은 좋은 일인가?

4. 기대하고 있었는데 원하는 것이 오지 않으면 어떻게 해야 하는가? 그 이유는 무엇인가?

5. 자기 능력에 비해 너무 크게 보이는 일은 어떻게 대처해야 하는가?

17

부자가 되는 과학 요약

; 부자가 되는 행동 방식을 따르면 궁극에는 얻을 것이다

만물이 창조되는 근본에는 무형의 근본 원소가 존재하는데, 이것은 우주 공간 전체에 스며들어 있다.

이 원소에 생각이 깃들면 그 생각대로 사물이 창조된다.

사람은 사물을 생각해낼 수 있고, 그 생각을 무형의 원소에 각인함으로써 생각하는 대상이 창조되게 할 수 있다.

그러려면 경쟁의식에서 벗어나 창조 의식으로 들어가야 한다. 그러지 않으면 언제나 창조적이고 결코 경쟁하지 않는 무형의 존재와 조화를 이룰 수 없다.

사람은 무형의 원소에게 받는 축복을 진실한 마음으로 깊이 감사함으로써 무형의 원소와 온전히 조화를 이룰 수 있다. 감사는 개인의 마음과 무형의 원소를 하나로 만들어 그 사람의 생각이 무형의 원소에 전달되게 한다. 오직 깊고 지속적으로 감사하여 무형의 존재와 하나가 되어야만 창조의 차원에 머물 수 있다.

갖고 싶고, 하고 싶고, 되고 싶은 바를 마음속에서 명확하고 분명하게 그려야 한다. 이 그림을 마음에 간직하면서 지고의 존재에게 소망이 모두 이루어질 것에 대해 깊이 감사해야 한다. 부자가 되려는 사람은 여가 시간 동안 비전을 묵상하고, 그것이 현실로 이루어지고 있다는 데 진실로 감사해야 한다.

그 무엇보다 중요한 것은 마음의 그림을 자주 묵상하고 흔들림 없이 믿으며 경건한 태도로 감사하는 일이다. 이 과정은 무형의 원소에 생각을 전달하고 창조의 힘을 움직이게 한다.

창조 에너지는 이미 존재하는 자연스러운 성장 과

정과 산업 및 사회 체제의 통로를 따라 움직인다. 앞서 언급한 지침을 따르면서 믿음이 흔들리지 않는 사람은 자신의 비전에 있는 모든 소망이 실현될 것이다. 그것이 실현될 때는 이미 형성되어 있는 무역이나 상거래 방식을 따라서 당신에게 찾아올 것이다.

원하는 것이 자신에게 올 때 이를 받으려면 자신의 자리를 메우고 넘칠 정도의 방식으로 행동해야 한다.

마음의 그림을 실현해서 부자가 되겠다는 목표를 잊지 말고, 날마다 그날 할 수 있는 모든 일을 하되, 각각의 일을 성공적으로 해내야 한다. 모든 사람에게 자신이 받는 금전 가치보다 큰 이용 가치를 줌으로써, 거래할 때마다 상대방의 삶이 더 나아지게 해야 한다. 발전적인 생각을 품어서 만나는 모든 사람에게 성장한다는 느낌을 전달해야 한다.

위에서 언급한 지침을 따르는 사람은 분명히 부자가 될 것이다. 그리고 그들이 받는 부의 크기는 비전이 얼마나 분명한지, 결의가 얼마나 굳은지, 믿음이 얼마나 굳건한지, 감사하는 마음이 얼마나 깊은지에 따라 달라질 것이다.

『부의 비밀』을 더 깊이 이해하기 위한 질문들

1. 부자가 되는 과학을 자기 나름대로 요약해보라.

며칠 전 코로나19 확진자가 전 세계에서 3천만 명이 넘어섰다는 통계를 보았다. 사망률이 낮기는 하지만 전파력이 강해서인지 전 세계가 술렁거린다. 웬만한 친목 모임은 생각하기도 어려운 상황이고 장보기나 출퇴근 같은 일상생활도 조심스럽다. 마스크 착용과 소독이 일상화되었고 집에서 지내는 시간이 늘어났다. 해외여행이 사실상 힘들어졌을 뿐 아니라 물건 구입도 점점 온라인으로 옮겨간다. 이런 기간이 길어지면서 버티지 못하는 업체도 많아지고 문을 닫는 가게도 하나둘 생겨난다. 새로운 시대가 오고 있다.

코로나19에 걸리면 생명이 위태로워질 가능성이 큰 노약자들은 불안과 두려움이 더 심할 테고 그런 만큼 외출을 삼가하느라 스트레스도 크게 받을 테다. 한편, 이런 일이 벌어지기 전에도 이미 취업난으로 고통받던 젊은이들은 한층 더 힘겨운 시기를 맞이하고 있지 않을까. 아직 활발하게 일하는 세대 역시 직장을 잃거나, 일이 줄어들거나, 반대로 일이 갑자기 늘거나, 업무 방식과 절차가 달라지는 등 급변하는 환경에 적응하기가 만만치 않을 것이다.

앞날을 내다보기 어려운 상황에 직면하자, 사람들은 경제적인 안정에 예전보다 관심을 더 많이 기울이는 듯하다. '동학개미운동'이라는 말이 나올 만큼 주식투자에 뛰어든 사람이 부쩍 늘어났고, 서점가 베스트셀러 목록에 부나 투자와 재테크 관련서가 다수 올라와 있다. 언제 무슨 일로 일자리를 잃게 될지 알 수 없는 시대가 되었다는 사람들의 위기의식이 반영되었을 것이다.

취업 경쟁은 점점 더 극심해질 듯 보이고, 직업이 있는 사람은 최대한 오래 자리를 유지하려고 기를 쓰며, 철 밥통이라고들 하는 공무원이 젊은이들 사이에서 꿈의 직업이 된 지금, 금수저로 태어나지 않은 사람들에게도 과연 부자가 될 기회와 가능성이 열려 있을까?

이 책의 저자는 그렇다고 말한다. 시대나 환경이나 재능이나 업종과 무관하게, '부자의 방식'을 따르면 그렇게 될 수 있다고 한다. 그렇다면 저자가 말하는 '부자의 방식'이란 무엇일까? 간단하게 요약해보자. 먼저 배경부터 이야기하자.

이 우주를 창조한 힘이 있다. 그 힘을 신이나 조물주라고 해도 좋고, 그냥 우주 혹은 우주의 마음·정신이라고 해도 좋고, 이 책에서처럼 무형의 원소라고 해도 좋다. 사람에게도 먼지만큼 작지만 이 힘의 조각이 깃들어 있다. 그 조각을 통해 무형의 원소에 연결될 수 있고, 그로써 그 거대한 존재의 창조력을 조금이나마

193

빌려 쓸 수 있다. 그렇게 하면 자신이 바라는 삶을 만들어나갈 수 있다.

그 방법은 다음과 같다.

자신이 바라는 것이 무엇인지 알아내고, 그것을 마음속에서 구체적으로 그린다. 예를 들어, 일자리를 얻고 싶다면, 무슨 일을 하고 보수를 얼마나 받으며 어떤 방식으로 일할지 하나하나 상상한다. 상상은 구체적일수록 좋지만 특정 회사 한 군데로 범위를 좁히면 오히려 잘 안 풀릴 수도 있다. 이런 일은 자칫하면 '타인에게 의지력을 사용하는 일'이 될 소지가 있다. 그보다는 자신이 일하는 장면이나 상황을 상상하는 편이 나을 것이다.

이런 상상을 자주, 구체적으로 하면서 그 상황이 이미 온 것처럼 감사한다. 이 부분이 무척 중요하다. 저자는 감사하기가 창조력을 빌려 쓰는 데 핵심이 되는 부분이라고 말한다. 자기가 바라는 바가 이미 이루어졌다고 상상하면 감사하기가 어렵지 않을 것이다.

그러나 여기서 멈추지 말고, 자기가 지금까지 받은 것들에 하나하나 감사하면 더욱 좋으리라. 다른 사람에게 받은 것에 고마워해도 좋고, 해와 달이나 별, 대지, 공기, 물, 바람, 온갖 식물이나 동물, 자기 몸처럼 자신을 이제까지 이 세상에서 살게 해준 수많은 존재에게 감사해도 좋다. 감사하기를 일상화하면 창조에도 도움이 될 뿐 아니라 삶을 대하는 태도도 크게 달라질 것이다.

상상하기와 감사하기를 일상적으로 하면서, 자기가 지금 할 수 있는 일을 한다. 자기가 하고 싶은 일과 관계된 기술을 배운다든지, 지식을 쌓는다든지, 소통 능력이나 암기력과 같은 지적·정신적·신체적 자질을 함양할 수도 있으리라. 혹은 그 일과 똑같지는 않지만 비슷한, 조금 더 쉬운 일을 미리 경험해볼 수도 있겠다.

무엇을 할 수 있을지 생각하면서 이것저것 찾다 보면 어느 순간 뭔가가 눈에 띌 것이다. 그것은 어떤 기술을 가르치는 사람이나 단체가 될 수도 있고, 어떤 정보와 노하우가 담긴 책일 수도 있고, 어떤 자질을 향상하는 데 도움이 되는 방법일 수도 있다. 혹은 자신이 바라는 모습으로 일할 수 있을 것 같은 회사에서 사원을 모집한다는 공고를 볼 수도 있으리라. 이런 것들을 발견하면, 상상하기와 감사하기를 계속하면서 좀 더 끌리는 것부터 하나씩 시도해보라.

단번에 뭔가가 이루어지지 않는 듯 보여도 신경 쓰지 말고 자기가 바라는 모습이나 상황과 장면을 상상하고, 감사하면서, 신체적·정신적으로 무리하지 않는 선에서 자기가 지금 할 수 있는 일을 잘하려고 하라.

지금 뭔가 작게라도 일을 하고 있다면 항상 자기가 받는 금전 가치보다 상대에게 더 큰 이용 가치를 주려고 한다. 다시 말해, 지금 시급 만 원을 받으며 일한다면 만 오천 원을 받는 사람처럼 일하려고 한다.

이때 다른 사람들은 신경을 쓰지 않는다. 경쟁자가 몇 명이나 되는지, 그들을 이기려면 어떻게 해야 하는지 등에는 상관하지 않는다. 사람이 각자 바라는 모습이나 상황이 구체적인 부분까지 똑같지는 않을 것이다. 겉으로는 비슷한 목표를 추구하는 듯 보일지 모르지만 각자 다른 길을 가고 있다고 생각하고 남들에 대해서는 잊는다. 오직 자기가 바라는 바를 구체적으로 상상하고, 하루하루 감사하면서, 자기가 할 수 있는 일을 잘하려고 노력하라.

이렇게 하다 보면 자신이 바라는 상황에 조금씩 가까워진다고 느끼는 날이 올 것이고, 그런 느낌을 받고 나면 거기에 다가가기가 더 쉬워질 것이다.

위의 이야기가 조금 뜬구름 잡는 듯 느껴질 수 있을 테니 내 이야기를 해보겠다. 대학에서 전자공학을 전공한 뒤 나는 2000년까지 당시 꽤 좋다고 인정받던 회사에서 몇 년간 근무했다. 여러 가지 복잡한 사정으로 회사를 그만두고 유학을 가려고 공부를 하기 시작했으나, 얼마 후 친구의 부탁으로 다른 일에 관여하게 되었다. 그 일이 잘 풀렸으면 유학도 필요 없었을지 모르지만 잘되지 않은 채 시간이 흘렀고 나는 다른 일을 찾아야 하는 처지가 되었다. 모아둔 돈도 빠르게 줄고 있어서 마냥 기다릴 수가 없었다.

나는 내가 바라는 삶의 모습을 상상하면서 거기에 맞는 직업이 무엇일지 떠올려보았다. 그러자 번역이 생각났다. 번역을 배운 적은 없었지만 몇 년 전부터 나가던 명상 모임에서 통역과 번역을 조금 해보았고, 어쩌다 보니 2000년 말에는 내 이름을 단 번역서도 나왔다. 그 경험으로 나는 번역이라는 작업 자체가 나름대로 재미도 있고 만족도 느낄 수 있는 활동이라고 생각하게 되었다. 그렇다면 남은 것은 직업으로서 번역이 어떠한지 하는 점이었다. 그때부터 나는 번역이라는 직업을 놓고 이것저것 알아보았다. 2002년인 당시에는 번역가라는 직업을 안내해주는 책이 따로 없어서 여기저기서 단편적인 정보를 모아 전체적인 모습을 그려보아야 했다. 그와 동시에 나는 혼자서 번역을 연습

하고 공부했다. 배울 만한 곳도 마땅치 않았고 책도 한 권뿐이어서 그것을 보면서 당시 읽던 원서를 번역해나 갔다.

그렇게 번역 쪽으로 준비하면서 당장 수입을 올릴 만한 일도 물색하기 시작했고, 얼마 후 지인이 있는 학원에서 영어를 가르치게 되었다. 돈을 많이 버는 일은 아니었지만 기본 생계는 벌 수 있었고 시간을 많이 투자하지 않아도 되어서 나에게는 잘 맞았다.

이렇게 당시에 할 수 있는 일들을 하면서 계속 내가 바라는 일인 책 번역 쪽으로 조금씩 다가갔다. 초기에는 책이 아니라 회사에서 맡기는 여러 가지 문서 번역을 하면서 조금이지만 돈도 벌고 경험도 쌓았다. 그렇게 몇 달이 흘렀고 내가 번역을 한다는 소식을 접한 지인이, 출판 사업을 하는 사람을 소개해주었다. 거기에서 책을 두어 권 번역하는 동안 나는 번역해서 출간할 만한 원서를 뒤적이면서 이것저것 찾아보고 출판사에 '출간 제안'을 하기 시작했다. 그런 식으로 하나둘

느리지만 차곡차곡 내 이름을 단 번역서가 생겼고 같이 일할 수 있는 출판사도 늘어났다.

이 과정에서 나는 내가 번역을 직업으로 삼을 수 있다는 점을 의심하지 않았다. 전공도 전자공학이었고 딱히 글을 써본 적도 없었을 뿐 아니라 가까운 사람도 내게 무슨 글재주가 있다고 번역을 한다는 소리냐고 말렸다. 그래도 나는 못할 게 뭐가 있나 하고 생각했다. 재주를 타고나야 하고 어릴 때 시작하지 않으면 사실상 어려운 운동선수나 악기 연주자가 되겠다는 것도 아니고, 모자란 점은 배우고 익히면 된다고 여겼고 실제로도 그렇게 해나가고 있었다.

돌아보면 잠재적인 경쟁자는 의식조차 하지 않았던 것 같다. 당시 한국에 번역서가 일 년에 몇 권이나 나오고 번역가가 몇 명이나 되는지, 그 사람들 실력이 어떤지 등에는 전혀 관심이 없었던 듯하다. 그저 내 실력을 길러 인정받을 만한 수준으로 끌어올리는 데, 출판사와 편집자에게 필요한 것이 무엇일지 그 빈틈을 어떻게 채울 수 있을지 상상하면서 강점을 만드는 데 집중했다.

한편, 번역 일을 시작한 뒤로 당시 유명하던 모 카페에 들어가 나보다 경험이 많은 사람들이 무슨 이야기를 하는지 들어보려고 했으나, 이상하게도 부정적인 글이 많았다. 또 내가 뭔가 긍정적인 글을 올리면, 그게 되는 줄 아느냐고, 당신이 아직 병아리라 잘 몰라서 그런다고 비아냥거리는 사람도 많았다. 나는 의아했다. 번역이 그렇게 싫다고들 하면서 왜 그 일을 계속하고 있을까? 그렇게 불만이 많으면 그만두면 되지 않나? 왜 계속하면서 욕을 하고, 남들한테는 하지 말라고 하지? 나는 그들에게 신경을 끄기로 하고, 나 스스로 홈페이지를 만들어 당시 햇병아리에 불과하던 나보다도 정보가 부족한 사람들에게 내가 아는 만큼이라도 알리기로 했다. 홈페이지에는 곧 사람들이 모이기 시작했고, 몇 년이 지나자 거기에서 함께하기에는 사람들이 많아져서 네이버에 카페를 개설해 그곳에서 교류

했다. 카페는 무럭무럭 자랐고 지금도 네이버에서 가장 활발한 번역가 지망생 카페로 자리매김하고 있다.

2002년 무렵 나는 이 책에 나온 내용을 모르면서도 그냥 자연스럽게 내가 앞으로 책 번역가로 일하는 모습을 상상했고, 그렇게 될 수 있다는 것을 의심하거나 안 되면 어쩌나 걱정하지 않았고, 감사하는 마음을 잊지 않으려고 하면서 그날그날 할 수 있는 일들을 해나가려고 했다. 그렇게 이삼 년이 지나자 어느새 내가 바라던 모습에 가까워져 있었다.

이 책이 출간되기까지의 과정도 크게 다르지 않다. 이 책뿐이 아니다. 내가 읽어보고 고르고 제안해서 출간된 책들은 대체로 비슷비슷한 과정을 거쳤다. 어떤 책은 비교적 쉽게 채택되어 출간되기도 했지만, 어떤 책은 그야말로 우여곡절 끝에 몇 년이나 걸려서야 세상에 나올 수 있었다. 당연한 이야기지만 내가 고른 책 중에도 끝내 내 손으로 번역하지 못한 책도, 아예 한국에 출간되지 못한 책도 여럿 있다. 간발의 차이로 놓친 책도 있고, 여러 번 시도한 끝에 포기했지만 나중에 다시 기회가 찾아와 결국 출간하게 된 책도 있다. 중요한 점은 당장 되고 안 되고에 연연하지 않고, 믿음을 유지하면서, 지금 할 수 있는 일들을 감사하면서 해나가는 일이다.

한편, 아니다 싶으면 시간을 끌며 매달리기보다는 얼른 포기하는 것이 나을 때도 있다. 우리는 자기가 하고 싶은 일과 그저 동경하는 일을 헷갈릴 때가 많다. 가수나 배우가 되고 싶다고 하지만 정말 바라는 것은 사람들의 관심일지도 모른다. 이런 것을 혼동해서 자칫 엉뚱한 일을 꿈꾸면서 시간을 허비하는 일도 적지 않은 듯하다. 어느 시점에 이런 느낌이 든다면 어서 방향을 전환하는 편이 나을 수 있다. 더 좋은 방법은 애초에 이런 문제가 생기지 않게 하는 것이리라. 그러자면 이 책에서 말하듯이 자기가 바라는 모습과 일이나 생활 등을 상상할 때 자기 마음속을 잘 들여다보는 시간도 필요할 것이다. 엉뚱한 것을 바라다가 그것이 정말로 왔을 때 오히려 실망할 수도 있다. "무엇을 바라는지 조심하라, 이루어질지 모른다"고 하는 격언은 새겨들을 만하다.

코로나19 이후 세상이 어떻게 달라질지는 아무도 모르는 일이다. 그럼에도 인공지능이나 로봇 관련 기술 개발에 더욱 박차를 가하리라는 점은 예상할 수 있다. 지금은 코로나19 특수로 배달사업이 활황이라고 하지만, 인공지능과 로봇 산업이 발달하면 가장 먼저 로봇으로 대체되는 직업이 될 가능성도 있다. 물론 이런 직업은 하나둘이 아닐 것이다. 이른바 단순노동이라고 하는 일은 말할 나위도 없거니와, 의사나 판사처럼 인기 있는 전문직도 어지간한 수준까지는 인공지능과 로봇이 사람을 대체할 가능성이 충분하다.

이런 상황이기에 더욱 더 앞으로는 정신적으로 유연해지는 것이 중요해지지 않을까. 어느 한 가지 기술이나 능력, 직장에 목을 매달고 평생 일하겠다고 생각하기보다는 언제 무슨 일이 일어나더라도 대응할 수 있도록 열린 자세로 변화의 흐름을 지켜보면서 나아가는 쪽이 현명할 듯하다.

다른 관점에서 보자면 예전에 비해 부자가 될 수 있는 기회가 늘어난 듯하다. 창업을 지원하는 프로그램도 많아졌고, 시대가 바뀌면서 새로운 필요나 수요가 생기는 일도 자주 있다. 또 평범한 직장에 다니면서도 재테크를 꾸준히 해서 돈 걱정 없이 살 수 있게 된 사람도 종종 있는데, 이들에게 대단한 수완이 있어서는 아닌 것 같다. 기본을 이해하고 충실하게 부자가 되는 방식으로 꾸준히 행동한 결과일 것이다.

어느 길을 택할지는 각자의 성향과 소망 등에 따라 다를 테지만 이 책에서 언급된 원칙을 제대로 이해하고 그것을 실행하면서 나아간다면 경제적 자유를 누릴 수 있다.

부디 이 책을 읽는 독자들이 자신이 바라는 삶에

날마다 가까워지기를, 하루하루를 감사하며 지낼 수 있기를 기원한다.

옮긴이 김해온

부의 비밀

초판 1쇄 발행 2007년 12월 10일
개정 1쇄 발행 2020년 11월 25일
개정 5쇄 발행 2023년 10월 20일

지은이 월리스 와틀스
옮긴이 김해온
펴낸이 유정연

이사 김귀분
기획편집 신성식 조현주 유리슬아 서옥수 황서연 정유진 **디자인** 안수진 기경란
마케팅 반지영 박중혁 하유정 **제작** 임정호 **경영지원** 박소영

펴낸곳 흐름출판(주) **출판등록** 제313-2003-199호(2003년 5월 28일)
주소 서울시 마포구 월드컵북로5길 48-9(서교동)
전화 (02)325-4944 **팩스** (02)325-4945 **이메일** book@hbooks.co.kr
홈페이지 http://www.hbooks.co.kr **블로그** blog.naver.com/nextwave7
출력·인쇄·제본 삼광프린팅(주) **용지** 월드페이퍼(주) **후가공** (주)이지앤비(특허 제10-1081185호)

ISBN 978-89-6596-412-4 03320